CITY|TRIP

SALZBURG

W0197736

INHALT

EXKURSE ZWISCHENDURCH

BENUTZUNGSHINWEISE

CITYATLAS/CITY-FALTPLAN

Die im Buch beschriebenen Örtlichkeiten wie Sehenswürdigkeiten, Restaurants, Hotels, Cafés usw. sind im Cityatlas und -Faltplan von Salzburg eingetragen.

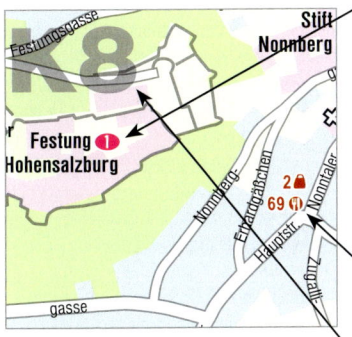

Örtlichkeiten mit fortlaufender Nummer, aber ohne Angabe des Planquadrats liegen außerhalb des im Buch abgebildeten Kartenmaterials. Sie können aber leicht im Luftbild lokalisiert werden (siehe Umschlagklappe).

ORIENTIERUNGSSYSTEM

Zur schnelleren Orientierung tragen alle Hauptsehenswürdigkeiten und Lokalitäten die gleiche Nummer sowohl im Text als auch in den Stadtplänen:

❶ Die Hauptsehenswürdigkeiten werden im Abschnitt „Salzburg entdecken" beschrieben und mit einer fortlaufenden magentafarbenen Nummer gekennzeichnet, die auch im Cityatlas/-Faltplan eingetragen ist.

Stehen die Nummern im Fließtext, verweisen sie auf die jeweilige Beschreibung der Sehenswürdigkeit im Kapitel „Salzburg entdecken".

🏠69 Mit Symbol und fortlaufender Nummer werden die sonstigen Lokalitäten wie Cafés, Geschäfte, Hotels, Infostellen usw. gekennzeichnet.

[K8] Die Angabe in eckigen Klammern verweist auf das Planquadrat im Cityatlas/-Faltplan, in diesem Beispiel auf das Planquadrat K8.

BEWERTUNG DER SEHENSWÜRDIGKEITEN

★★★ auf keinen Fall verpassen
★★ besonders sehenswert
★ wichtige Sehenswürdigkeit für speziell interessierte Besucher

DIE AUTOREN

Margit Brinke und **Peter Kränzle** sind promovierte Archäologen, die sich 1995 als freiberufliche Journalisten und Buchautoren selbstständig gemacht haben. Seither konnten sie sich durch über 60 Publikationen bei verschiedenen Buchverlagen und durch regelmäßige Mitarbeit bei verschiedenen Zeitungen und Magazinen einen Namen im Reise- und Sportjournalismus machen.

Ihre Liebe zur Stadt wurzelt in Kinderzeiten, als man aus Bayern gerne einen Wochenendausflug nach Salzburg machte, und wurde verstärkt während der Beschäftigung mit der Stadt anlässlich der Fußball-EM 2008.

Im REISE KNOW-HOW Verlag liegen von ihnen bereits die Reiseführer „New York", „San Francisco", „New Orleans", „Chicago" sowie das Reisehandbuch „Kreta" und die CityTrips „Basel", „Genf", „Toronto", „Athen" und „New York" vor.

SCHREIBEN SIE UNS

Dieser CityTrip ist gespickt mit Adressen, Preisen, Tipps und Infos. Nur vor Ort kann überprüft werden, was noch stimmt, was sich verändert hat, ob Preise gestiegen oder gefallen sind, ob ein Hotel, ein Restaurant immer noch empfehlenswert ist oder nicht mehr usw. Unsere Autoren sind zwar stetig unterwegs und erstellen alle zwei Jahre eine komplette Aktualisierung, aber auf die Mithilfe von Reisenden können sie nicht verzichten.

Darum: Schreiben Sie uns, was sich geändert hat, was besser sein könnte, was gestrichen bzw. ergänzt werden soll. Wenn sich die Infos direkt auf das Buch beziehen, würde die Seitenangabe uns die Arbeit sehr erleichtern. Gut verwertbare Informationen belohnt der Verlag mit einem Sprechführer Ihrer Wahl aus der über 220 Bände umfassenden Reihe „Kauderwelsch".

Bitte schreiben Sie an:
REISE KNOW-How Verlag Peter Rump GmbH, Postfach 140666, D-33626 Bielefeld, oder per E-Mail an: info@reise-know-how.de

Danke!

BILDNACHWEIS

Die Kürzel an den Abbildungen stehen für folgende Fotografen, Firmen und Einrichtungen. Wir bedanken uns für die freundliche Abdruckgenehmigung.

ac	Afro Coffee
mb und Umschlag	
	Margit Brinke (die Autorin)
sh	Schloss Hellbrunn
sr	Sabine Rath
ts	Tourismus Salzburg GmbH

Latest News
Unter **www.reise-know-how.de** werden regelmäßig aktuelle Ergänzungen und Änderungen der Autoren und Leser zum vorliegenden Buch bereitgestellt.
Sie sind auf der Produktseite dieses CityTrips abrufbar.

Margit Brinke, Peter Kränzle

CITY|TRIP
SALZBURG

NICHT VERPASSEN!

1 FESTUNG HOHENSALZBURG [K8]

Die Festung ist nicht nur das Wahrzeichen der Mozartstadt Salzburg, sie gilt auch als die größte vollständig erhaltene Burg Mitteleuropas. Zudem bietet sich von oben ein fantastischer Blick auf Stadt und Umland (s. S. 50).

5 DOM [K7]

Der prächtige Dom gilt als erste frühbarocke Kirche nördlich der Alpen. Über Geschichte und Ausstattung informiert das interessante Dommuseum (s. S. 57).

6 ERZBISCHÖFLICHE RESIDENZ [J7]

Wie prunkvoll die Erzbischöfe und zugleich Landesherren von Salzburg einmal gelebt haben, zeigt ein Rundgang durch die Erzbischöfliche Residenz (s. S. 61).

10 ALTSTADT UM DIE GETREIDEGASSE [J7]

Die Getreidegasse mitten in der Altstadt gehört zu Salzburgs Aushängeschildern. Alteingesessene Läden und Lokale locken zum Bummel, dazwischen liegen moderne Boutiquen und schicke Cafés (s. S. 65).

11 MOZARTS GEBURTS- [J7] UND WOHNHAUS [J6]

21 Am berühmtesten Salzburger, Wolfgang Amadeus Mozart, kommt kein Besucher vorbei. Neben dem Geburtshaus in der Altstadt (s. S. 66) lohnt ein Besuch des ehemaligen Wohnhauses (s. S. 79).

12 KOLLEGIENKIRCHE [J7]

Diese nach Plänen von Johan Bernhard Fischer von Erlach erbaute Kirche gilt neben dem Dom als kunsthistorisch bedeutendstes Gotteshaus der Stadt und ist zugleich eines der Hauptwerke des süddeutschen Barock (s. S. 67).

14 MUSEUM DER MODERNE [J7]/[I6]

17 Salzburg ist nicht nur Tradition und Geschichte, Mozart und Festspiele. Besonders das „MdM" auf dem Mönchsberg (s. S. 74) und im Rupertinum (s. S. 69) zeigt Salzburgs zeitgenössische Seite.

19 SCHLOSS MIRABELL [J5]

Das von Erzbischof Wolf Dietrich von Raitenau für seine Geliebte erbaute Landschloss gehört vor allem wegen der imposanten Gartenanlage zu den Hauptattraktionen der Stadt (s. S. 77).

28 SCHLOSS HELLBRUNN

Weniger das Landschloss selbst macht einen Ausflug vor die Tore Salzburgs zum Muss, es sind vielmehr die ungewöhnlichen Wasserspiele im ausgedehnten Schlosspark (s. S. 88).

Leichte Orientierung mit dem cleveren Nummernsystem
Die Sehenswürdigkeiten der Stadt sind zum schnellen Auffinden mit **fortlaufenden Nummern** versehen. Diese verweisen auf die ausführliche Beschreibung **im Kapitel „Salzburg entdecken"** und zeigen auch die genaue Lage **im Stadtplan.**

IMPRESSUM

Margit Brinke, Peter Kränzle
CityTrip Salzburg

© Peter Rump 2009
Alle Rechte vorbehalten.

2., neu bearbeitete und komplett
aktualisierte Auflage 2010
ISBN 978-3-8317-1940-2

Herausgeber und Gestaltungskonzept:
Klaus Werner
Lektorat: travel@media oHG
Layout: Günter Pawlak (Umschlag),
Anna Medvedev (Inhalt)
Fotos: siehe Bildnachweis S. 6
Karten: Ingenieurbüro B. Spachmüller,
travel@media oHG
Druck und Bindung:
Fuldaer Verlagsanstalt GmbH & Co. KG

Dieses Buch ist erhältlich in jeder Buchhandlung Deutschlands, der Schweiz, Österreichs, Belgiens und der Niederlande. Bitte informieren Sie Ihren Buchhändler über folgende Bezugsadressen:
Deutschland: Prolit GmbH, Postfach 9, D-35461 Fernwald (Annerod)
sowie alle Barsortimente
Schweiz: AVA-buch 2000, Postfach, CH-8910 Affoltern
Österreich: Mohr Morawa Buchvertrieb GmbH, Sulzengasse 2, A-1230 Wien
Niederlande, Belgien: Willems Adventure, www.willemsadventure.nl

Wer im Buchhandel trotzdem kein Glück hat, bekommt unsere Bücher auch über unseren Büchershop im Internet:
www.reise-know-how.de

Wir freuen uns über Kritik, Kommentare und Verbesserungsvorschläge:
REISE KNOW-HOW Verlag Peter Rump GmbH, Osnabrücker Str. 79, 33649 Bielefeld, info@reise-know-how.de

AUF INS VERGNÜGEN

002sb Abb.: mb

Salzburgs Lage im Voralpenland zu Füßen der nördlichen Kalkalpen mag zweifellos seine Reize haben, doch es sind der Ruf als „Rom des Nordens" und eine einzelne Persönlichkeit, die die beschauliche „Stadt zwischen den Bergen" nach Wien zu Österreichs Haupt-Städtedestination machen: Wolfgang Amadeus Mozart. Allerdings hat Salzburg weit mehr zu bieten – wie dieser Reiseführer zeigen soll ...

SALZBURG AN EINEM WOCHENENDE

Tagesgäste stellen mit rund 5,5 Mio. jährlich (von 6,7 Mio. insgesamt) noch immer die Mehrheit der Salzburg-Besucher, doch entgeht ihnen meist eine Reihe interessanter Aspekte, die die Stadt an der Salzach zu bieten hat. Zwei Tage sollte man mindestens hier verbringen, um sich ein umfassendes Bild machen zu können und um Seiten zu entdecken, die dazu anregen, in die sich scheinbar konstant verjüngende Heimat von Wolfgang Amadeus Mozart zurückzukehren.

1. TAG: FESTUNG UND RESIDENZSTADT

Mozart hin, Dom und Residenz her – die erste Station eines Salzburg-Besuchs sollte die Festung sein. Hier gibt es einen ersten Überblick, ehe man sich ins Getümmel zwischen Residenz- und Altstadt stürzt.

◄ *Vorseite: Bootsfahrt auf der Salzach vor prächtiger Kulisse*

► *Einer der Hauptplätze der Stadt: der Residenzplatz mit dem Residenzbrunnen [J/K7]*

Vormittags

Am Morgen geht es hinauf auf die **Festung Hohensalzburg ❶**, zu Fuß oder mit der Festungsbahn. Hier erhält man im Festungsmuseum einen Einblick in Salzburgs frühe Geschichte, kann sich das Marionettenmuseum (s. S. 53) ansehen und natürlich den wunderbaren Ausblick auf Stadt und Umland genießen.

Mittags

Bei schönem Wetter und guter Kondition böte es sich an, von der Festung über den Mönchsberg gleich zum **Museum der Moderne ⓱** (dort Aufzug) zu wandern. Auf etwa halbem Weg dorthin gibt es eine kleine Jausenwirtschaft, alternativ böte sich im MdM das Restaurant m32 zum Lunch vor der Besichtigung an.

Wer auf eine Besichtigung des Museums verzichtet und gleich die Festungsbahn zurück in die Altstadt nimmt, käme noch rechtzeitig zur **mittäglichen Stadttour** des SGS-Salzburg Guide Service (s. S. 110), die am Mozartplatz ❽ startet, und könnte vorher oder nachher eine kleine Pause, beispielsweise bei Tomaselli (s. S. 28), einlegen.

Nachmittags und abends

Wer sich für das Museum und gegen die Tour entschieden hat, erkundet nun auf eigene Faust die **Residenzstadt** zwischen Dom ❺,

Residenz **6** und St. Peter **3**. Anschließend böte es sich an, zum Sonnenuntergang per Mönchsbergaufzug wieder auf den Mönchsberg zu fahren. Im **Toprestaurant m32** (s. S. 29), speziell auf der Terrasse, kann man stilvoll dinnieren und gleichzeitig den Ausblick genießen. Wesentlich preiswerter und rustikaler ist das **Augustiner Bräu** (s. S. 25), ein legendäres Bierlokal mit Biergarten im Stadtteil Mülln an der Nordseite des Mönchsbergs.

2. TAG: DURCH DIE ALTSTADT

Der zweite Tag gehört dem Bummel durch die beiden Teile der Altstadt rechts und links der Salzach.

Vormittags

Den Tag beginnt man – nach gemütlichem Frühstück im Hotel oder in einem der Kaffeehäuser (s. S. 26) – mit einem **Bummel über den Grünmarkt auf dem Universitätsplatz 12**.

Danach böte sich der **Festspielbezirk 15** an, eventuell mit Tour durch die diversen Bühnengebäude, außerdem das nahe gelegene MdM im Rupertinum **14**, das Spielzeug Museum **16** oder das Haus der Natur **18**, ehe man sich dem Shopping und einem Besuch von Mozarts Geburtshaus **11** in der berühmten **Getreidegasse 10** zuwendet. Die Kunstwerke der Salzburg Foundation (s. S. 46) beim Bummeln nicht übersehen!

Mittags

Wie wärs mit ein paar ungewöhnlichen Häppchen „Finger Food" im Carpe Diem (s. S. 21), einem der ausgefallensten Restaurants der Stadt? Oder – billiger und deftiger – mit einer Bosna im Balkan-Grill (s. S. 25), dem winzigen Kult-Imbissstand im Durchhaus zwischen Getreidegasse und Universitätsplatz? Scio's (s. S. 23) oder Spoon (s. S. 25) bieten ebenfalls gute und günstige Mittagsteller.

DAS GIBT ES NUR IN SALZBURG

› **Mozartkugeln** *mag es inzwischen in jedem Supermarkt geben, doch die besten und die originalen gibt es nur in Salzburg. 1890 hatte sie der Konditor Paul Fürst als „Mozartbonbons" entwickelt und ausgehend von seiner Konditorei, die es heute noch gibt (s. S. 18), eroberten sie die Welt.*

› *Eine weitere kulinarische Spezialität wurde ebenfalls in Salzburg kreiert: die **Salzburger Nockerln**, eine leckere Nachspeise, genau genommen ein lockeres Soufflé aus Milch, Eiern, Zucker und wenig Mehl (Exkurs s. S. 27).*

› *Trotz der zunehmenden Zahl von Kettenläden finden sich in Salzburgs Altstadt noch etliche sehenswerte, alteingesessene **Fachgeschäfte,** vom Spirituosenladen über Konditoreien bis hin zu einem Schirmmacher und diversen Trachtenmodengeschäften (s. S. 16).*

› **Salzburgs Altstadt** *zu Füßen des Mönchsbergs gehört zu den schöns-*
ten der Welt. Die romantischen Gassen mit ihren historischen „Durchhäusern" und Plätzen gleichen einem Freiluftmuseum, sind ein über Jahrhunderte gewachsenes Gesamtkunstwerk, an dessen Details man sich nicht sattsehen kann.*

› *Die **Festung Hohensalzburg** ➊ gilt als größte vollständig erhaltene Burg Mitteleuropas und ist ein Muss im Besuchsprogramm. Aus dem Rahmen fallen die **modernen Skulpturen,** die im Rahmen eines wegweisenden Kunstprojekts der Salzburg Foundation seit 2002 markante historische Plätze der Stadt schmücken und ein interessantes Spannungsfeld bilden (s. S. 46).*

› *Veranstaltungen und vor allem klassische Konzerte gibt es in Salzburg das ganze Jahr über und selbst wer keine Karte für die Festspiele ergattert hat, findet in der **Festspielstadt Salzburg** immer das passende Konzert (s. S. 31).*

CAFE TOMASELLI SEIT 1703

009sb Abb.: mb

Nachmittags

Derart gestärkt erkundet man nun den **rechts der Salzach gelegenen Teil der Stadt,** beginnend mit Mozarts Wohnhaus ㉑, gefolgt vom Mirabell-Garten ⑲ mit der Barockgalerie und dem Areal um die Linzer Gasse ㉒.

Abends

Zu den beliebtesten Lokalen der Stadt gehört Die Weiße (s. S. 25). Hier wird nicht nur hervorragendes Weißbier gebraut, in den gemütlichen Gaststuben oder im Biergarten gibts dazu auch deftige Brotzeiten. Anschließend stürzt man sich ins **Salzburger Nachtleben im sogenannten „Bermudadreieck"** (s. S. 28) um die Steingasse.

3. TAG: AUSFLÜGE

Ein besonderes Erlebnis ist eine **Fahrt mit dem Ausflugsboot auf der Salzach** (s. S. 111). Und schließlich sollte man die Wasserspiele im ausgedehnten **Park von Schloss Hellbrunn** ㉘ – leicht mit dem öffentlichen Nahverkehr erreichbar – keinesfalls versäumen.

ZUR RICHTIGEN ZEIT AM RICHTIGEN ORT

Herbert Rosendorfer meinte in seinem unterhaltsamen Band „Salzburg für Anfänger" einmal: „Salzburg ist das Bayreuth für diejenigen, die Wagner nicht mögen", und fügte hinzu: „Festspiele gibt es in Salzburg praktisch immer: Sommerfestspiele, Osterfestspiele, Pfingstfestspiele, Weihnachtsmarkt, Mozartwochen ...". Er hat recht, Salzburg ist eine „Festivalstadt" und der Alltag der Salzburger gestaltet sich von einem Event zum nächsten.

Tourismus Salzburg GmbH (s. S. 101) hat eine Broschüre mit Packages aufgelegt, die z. B. Karten zu Festspielkonzerten und Events inkl. Übernachtungen einschließen. Größere Messen finden im Messezentrum Salzburg (www.messezentrum-salzburg.at) statt. Das Konzertangebot ist riesig, an vorderster Front steht natürlich Mozart – ihm zu Ehren gibt es zig Ensembles und Veranstaltungen.

FRÜHJAHR

> Ende Januar: **Mozartwoche.** Kammerkonzerte, Chöre und Orchester, Solisten u. A. (www.mozarteum.at).
> März: **Salzburg Biennale,** Festival für Neue Musik. Vier verschiedene junge, unbekannte Komponisten stellen in Konzerten jeweils Do. bis So. ihr Können unter Beweis (www.salzburgbiennale.at).
> 2. Märzhälfte: **Internationale Messe für Kunst und Antiquitäten.** Ausstellung in der Salzburger Residenz (www.messen.de/de/3235/in/Salzburg/Residenz-Salzburg/info.html).
> Ende März: **Aspekte Festival.** 5-tägiges Event mit dem Österr. Ensemble für neue Musik (www.aspekte-salzburg.at).
> Samstag vor Palmsonntag bis Ostermontag: **Osterfestspiele.** Orchesterkonzerte, Matineen, Kammerkonzerte (www.osterfestspiele-salzburg.at).
> Samstag vor Pfingsten bis Pfingstmontag (Mai): **Pfingstfestspiele.** Konzerte, Chöre, Kirchenkonzerte und Opern, v. a. der Barockzeit (www.salzburgfestival.com).
> Mitte Mai: **Festival Begegnung „Stille".** An einem Wochenende spielt die Camerata Salzburg Stücke von Bach, Haydn, Wagner oder Schönberg (www.mozarteum.at).

◀ *Mit 1 PS die Stadt kennenlernen: eine Fiakertour machts möglich*

SOMMER

❯ Ende Juni–Mitte Juli: **Sommerszene –** Internationales Avantgarde-Festival. Alternative Kunst aller Genres – Theater, Tanz, Konzerte, Performances, Installationen und Ausstellungen – an verschiedenen Orten zu verschiedenen Preisen (Tickets: Tel. 0662 843448, www.sommerszene.net).

❯ Anfang Juli: **Linzergassenfest** (Fr./Sa.). Straßenfest in der rechten Altstadt, Eintritt frei (www.salzburg-altstadt.at).

❯ Anfang Juli: **Klassik Gala Open-Air.** 10 Tage lang Konzerte auf der Festung Hohensalzburg vor Eröffnung der Festspiele, auch mit Dinner (www.mozartfestival.at).

❯ Letzte Juli-Woche–Ende August: **Salzburger Festspiele** mit Original-Jedermann-Aufführung (Exkurs s. S. 72), am Sa. vor der Eröffnung: Altstadtfest ab 10 Uhr (www.salzburg-altstadt.at).

❯ Juli–August: **Jedermann** auf der Festung Hohensalzburg im Burghof, bei schlechtem Wetter im Stieglkeller (s. S. 26) (www.jedermann.at, Tickets: Tel. 0664 5010660, ab 30 €, auch mit Essen).

❯ Mitte August (10 Tage): **Salzburg World Fine Art Fair.** Kunst- und Antiquitätenmesse – Sammelstücke von der Antike bis heute – in der fürstbischöflichen Residenz zu Salzburg (www.salzburg-faf.com).

❯ 2. Septemberhälfte: **Rupertikirtag** um den Dom. Fünf Tage lang Kirchweih um den Dom mit Zelt, Blasmusik, Kunsthandwerks- und Essständen sowie Fahrgeschäften (www.salzburg-altstadt.at).

HERBST

❯ Mitte–Ende Oktober: **Salzburger Kulturtage.** Orchester- und Kammerkonzerte, Opern, Ballett u. a. (www.kulturvereinigung.com).

❯ Ende Oktober: **Jazz in der Altstadt.** Sechs Tage lang musikalische Vielfalt

in der Altstadt, 100 Konzerte an 50 Spielorten bei freiem Eintritt (www.salzburgjazz.com).

❯ Ende Oktober–1. Novemberwoche: **Salzburger Jazz-Herbst.** Elf Tage lang Auftritte internationaler Jazzstars auf verschiedenen Bühnen, u. a. in der Stiegl-Brauwelt **26**, im Romanischen Keller der Hypo Galerie (s. S. 36), im m32/Agnes Bar (s. S. 29) und im Hotel Sacher (www.jazz4you.at).

WINTER

❯ Erste drei Adventswochenenden: **Salzburger Adventsingen.** Szenisches Oratorium, Volksmusik, Theater u. a.

FEIERTAGE

Neben den landesweiten Feiertagen, zumeist kirchlichen (katholischen), gibt es Feiertage nach Landesrecht, die jedoch meist nur Schulen und Behörden betreffen. Hier ein Überblick:

❯ 1. Jänner (Januar): **Neujahr**

❯ 6. Jänner: **Heilige Drei Könige**

❯ **Karfreitag** (beweglich, zwei Tage vor Ostersonntag)

❯ **Ostersonntag und -montag** (beweglich)

❯ 1. Mai: **Staatsfeiertag – Tag der Arbeit**

❯ **Christi Himmelfahrt** (beweglich, 39 Tage nach Ostersonntag)

❯ **Pfingstsonntag und -montag** (beweglich, 50 Tage nach Ostersonntag)

❯ **Fronleichnam** (beweglich, 60 Tage nach Ostersonntag)

❯ 15. August: **Mariä Himmelfahrt**

❯ 24. September: **Rupert** (nur im Land Salzburg)

❯ 26. Oktober: **Nationalfeiertag**

❯ 1. November: **Allerheiligen**

❯ 8. Dezember: **Mariä Empfängnis** (viele Geschäfte haben jedoch geöffnet)

❯ 25. und 26. Dezember: **Weihnachten** („Christtag" und „Stefanitag")

im Großen Festspielhaus (www.
salzburgeradventsingen.at) sowie **Hirten-
spiel** im Mozarteum.

❭ Ende November–Weihnachten:
Salzburger Advent Serenaden im Go-
tischen Saal der Kirche St. Blasius am
Ende der Getreidegasse ❿ beim
Gstättentor (www.adventserenaden.at).

❭ Ende November–Mitte Dezember:
Salzburger Advent. Volks- und
Barockmusik, Lyrik, Prosa und Theater
in der Stadtpfarrkirche St. Andrä
(www.salzburgeradvent.at).

❭ 2./3. Adventswochenende: **Tobi Reiser
Adventsingen** in der Großen Uniaula
(www.tobi-reiser.at).

❭ 1.–4. Advent: **Salzburger Advent-Sere-
naden** im Gotischen Saal, St. Blasius
(www.adventserenaden.at).

❭ Jeden Samstag im Advent (18.30 Uhr):
Turmblasen vom Glockenspielturm
(s. S. 62), auf den Residenzterras-
sen und anderen Stellen rund um den
Christkindlmarkt.

❭ Rund um den Nikolaustag: **Krampus-
und Perchtenläufe.** Krampusse, im
Alpenland Gehilfen des Nikolaus, vergleichbar mit Knecht Ruprecht, laufen
kostümiert z. B. durch Getreide- ❿ oder
Linzer Gasse ㉒ (www.salzburg.info/
de/kunst_kultur/advent_silvester/
krampus_percht).

❭ Woche vor dem 1. Advent bis 24.12.:
Christkindlmärkte am Dom- und Residenzplatz [J7] (www.christkindlmarkt.
co.at), Mirabellplatz [J5]
(www.weihnachtsmarkt-salzburg.at),
in Schloss Hellbrunn ㉘ (www.
hellbrunneradventzauber.at), Stern-
garten (Griesgasse/Getreidegasse,
www.sternadvent.at) und auch auf der
Festung (www.salzburg-burgen.com)
sowie auf dem Bahnhofsvorplatz [J3].

❭ 31.12.: Salzburger **Altstadtsilvester,**
auf mehreren Altstadtplätzen mit Livemusik, festlichem Glockengeläut und
Feuerwerk.

SALZBURG
FÜR CITYBUMMLER

*Millionen von Besuchern aus aller
Welt tummeln sich in Salzburg. Des-
halb geht es manchmal, besonders
im Sommer, recht lebhaft zu und
man wird durch bestimmte Altstadt-
gassen nur noch im Pulk geschoben.
Da es sich beim Großteil jedoch um
Tagesausflügler handelt, herrscht am
Abend und Morgen meist beschauli-
che Ruhe. Gerade dann zeigt sich
Salzburg von seiner angenehmen
Seite.*

▲ *Altstadtidylle: Blick auf
das alte Rathaus* ❿

„Die Gegenden von Salzburg, Neapel und Konstantinopel halte ich für die schönsten der Erde", schwärmte einst Alexander von Humboldt (1769–1859). Kein Wunder, dass die Hauptstadt des gleichnamigen österreichischen Bundeslandes dem Forschungsreisenden einen besonderen Platz gewidmet hat: die **Humboldt-Terrasse auf dem Mönchsberg** (s. S. 75). Von hier oben genießt man einen fantastischen Blick auf die Altstadt links und rechts der Salzach sowie auf die am anderen Ende des Mönchsbergs gelegene Festung Hohensalzburg ❶. Im Rücken des Besuchers bilden jenseits der Neustadt mit Flughafen und EM-Stadion die schneebedeckten Berge der Alpen die spektakuläre Hintergrundkulisse.

Wieder zurück in der Altstadt ist es vorbei mit der Beschaulichkeit. Gerade im einst bürgerlichen Salzburg mit dem Gassengewirr um die Getreidegasse ❿ drängeln sich heute die Besucher, schieben sich von einem Schaufenster zum anderen oder versperren in Grüppchen den Weg. Ruhiger bummelt es sich hingegen auf der rechten Seite der Salzach, im **Altstadtviertel um die Linzer Gasse ㉒**. Auch hier stößt man auf interessante Läden und sogar einige Lokale mit Plätzen im Freien, von denen aus man das städtische Treiben in Ruhe beobachten kann. Zudem weht im Umfeld der Linzer Gasse dank Dönerbuden, ungewöhnlicher Läden und der Nachtklubs im Umfeld der Steingasse [K6] ein Hauch der alternativen und Mulitkulti-Szene der Stadt.

Auch das **Nonntal ❹**, nur Schritte vom Residenzplatz entfernt, gehört zu den wenig überlaufenen Ecken der Altstadt. Hier locken nette kleine Läden, Cafés und Lokale zum

beschaulichen Bummel. Anschließend könnte man einen Spaziergang entlang der Salzach zurück zur Staatsbrücke [J6] unternehmen.

Ganz besonders am frühen Morgen lohnt sich ein **Spaziergang durch das kurfürstliche Salzburg.** Das großzügig angelegte und von Plätzen und Kirchen durchsetzte Areal zwischen Dom ❺, Residenz ❻ und der alten Universität zu Füßen der Festung Hohensalzburg bietet die architektonischen Highlights der Stadt aus der Zeit der Renaissance und des Barock. Man sagt zudem, die „Frau im Fels" im Toscaninihof (s. S. 48) soll zu dieser frühen Stunde besonders attraktiv sein. Ebenfalls vor Ankunft der ersten Busse lohnt es sich, die Gassen und ganz besonders die **Durchhäuser** (s. S. 65) zwischen Getreidegasse ❿ und Universitätsplatz ⓬ – eine Salzburger Spezialität – zu erkunden.

Um zur **Festung Hohensalzburg ❶**, dem Wahrzeichen der Mozartstadt, zu gelangen, sollte man nicht unbedingt die bequeme, aber viel frequentierte Festungsbahn benutzen, sondern gemütlich die Festungsgasse hinaufschlendern. Ganz neue Ausblicke ergeben sich auch, wenn man sich der Burg auf ungewöhnlichem Weg nähert: erst mit dem Mönchsbergaufzug zum Museum der Moderne ⓱ und von dort zu Fuß auf dem Höhenweg zur Festung.

Wer sich sich hinterher wieder ins Getümmel der Altstadt stürzen möchte, dem sei der Hinweis mit auf den Weg gegeben, dass nicht nur die Getreidegasse, sondern auch die **Gassen zwischen dem Alten Markt ❾ und dem Mozartplatz ❽** – z. B. Juden-, Brod-, Gold- oder Döllerergasse – interessante kleine Läden zu bieten haben.

SALZBURG FÜR KAUFLUSTIGE

Die Salzburger Altstadt gilt als eine der malerischsten „Shoppingmalls" der Welt und ist vor allem bekannt für alteingesessene Traditionsgeschäfte, für Trachtenmode und Lederbekleidung, aber auch für Antiquariate, Kunsthandlungen und Galerien und nicht zuletzt für Kaffeehäuser und Confiserien.

Berühmtestes Mitbringsel aus Salzburg sind die „**Original Salzburger Mozartkugeln**", doch hat die Stadt mehr zu bieten als diese Leckereien. Kulinarisches findet man auch auf dem **Grünmarkt** auf dem Universitätsplatz (s. S. 18). Auf diesem Bauernmarkt gibt es nicht nur Obst, Gemüse und Blumen, Metzger-, Käse- und Würstelstände, sondern auch typische Souvenirs wie Gewürzsträußchen und Salzburger Kunsthandwerk. Am größten ist das Angebot am Freitag und vor allem am Samstag, wenn viele Bauern aus dem Umland mit ihren Waren in die Stadt kommen.

EINKAUFSVIERTEL

Empfehlenswert für den Einkaufsbummel sind besonders die **Gassen in den beiden Altstadtteilen** links und rechts der Salzach. Links der Salzach sind dies das Areal um die Getreidegasse ❿ bis zum Festspielbezirk ⓯, um Mozartplatz ❽, Kaigasse und Alter Markt ❾. Rechts der Salzach sind die Linzer Gasse ㉒, Makartplatz [J6] und das Viertel um Schloss Mirabell ⓳ die bevorzugten Shoppingareale. Große Teile davon sind als Fußgängerzonen ausgewiesen.

> ❭ **Ladenöffnungszeiten** meist Mo.–Fr. 9–18/18.30, Sa. 9–16 Uhr.

EXTRATIPP

Shoppingerlebnis
Im **Designer Outlet Salzburg** (Kasernenstr. 1, A1/Ausfahrt „Flughafen" bzw. Bus Nr. 2, www.designeroutlet. at) gibt es Mode vieler Topmarken, Schuhe und Accessoires, Schmuck usw. 30 bis 50 % vergünstigt.

▲ *Süße Leckereien in der Auslage der Konditorei Schatz*

012sb Abb.: mb

MODE

Traditionelles

1 [J7] **Jahn Markl**, Residenzplatz 3, www.wildlederbekleidung.at. Älteste Salzburger Gerberei von 1408, seit 1890 in Jahn-Besitz, edle (und entsprechend teure) Leder-, Strick- und Trachtenbekleidung und passende Accessoires (sogar Lederunterwäsche).

2 [K8] **Lederhosen und Ledertrachten Karner**, Nonntaler Hauptstr. 21, www.lederhosen-karner.com. Individuell gefertigte Ledertrachten von „Säckler" Bernhard Karner und Sohn. Es wird vor allem weißgegerbtes (Sämisch-)Leder verwendet, handbestickt in eigener Werkstatt.

Trachten-Eventkomplex

8 [L11] **Gwandhaus**, Morzger Str. 31, auf halbem Weg nach Hellbrunn **28**, www.gwandhaus.com. Im Kleidungs- und Trachtengeschäft Gössl gibt es „heimische Gwandkultur", dazu gehört aber auch das Lokal „Greißlerei De Merin", außerdem finden Workshops, Kleinkunst, Konzerte u. a. Veranstaltungen statt.

3 [J7] **Lederwaren Kainberger**, Goldgasse 7, www.kainberger.com. Lederwaren aus eigener Werkstatt, dazu Accessoires wie Taschen oder Gürtel, Bauernmöbel und Geweihe.

4 [J7] **Madl am Grünmarkt**, Getreidegasse 13, www.madlsalzburg.at. Nach Maß geschneiderte Trachten und Haute Couture aus hochwertigen Materialien, elegantes Ambiente.

5 [J7] **Steindl**, Alter Markt 13–14. Damenkonfektion in Traditionsgeschäft mit Flair der Jahrhundertwende, eher klassisch-elegante Mode.

6 [J6] **Trachtenmoden Lanz**, Schwarzstr. 4, www.lanztrachten.at. Seit 1922 weltberühmt für traditionelle Trachten-, Leder- und Lodenbekleidung. Mehrere Filialen, sogar in den USA.

7 [H7] **Werkstätte Beurle**, Neutorstr. 23, www.beurletrachten.com. Dirndl und Trachten aller Art, eigene Schneiderei für Maßanfertigungen.

Modernes

9 [I6] **Alpha**, Griesgasse 2. Taschenladen mit schicken Modellen verschiedener Designer, dazu Reisegepäck und andere Accessoires.

10 [J7] **Donum by Erika Swarovski**, Sigmund-Haffner-Gasse 9. Ein Familienmitglied der berühmten Glasstein-Dynastie betreibt den Laden, in dem es Mode, aber auch Interieurs, Accessoires und Schnickschnack aller Art gibt. Angeschlossen ist der ungewöhnliche Blumenladen **Gerhard Swarovski Rosentury**.

◄ *Im Laden von Katharina Kaesbach ist nicht nur die Innenausstattung sehenswert*

► *Passend zu Mozartkugeln oder Torten: Salzburger Spirituosen*

Österreichische Gewichtseinheit

In Österreich weicht nicht nur ein Großteil der kulinarischen Begriffe von den hochdeutschen ab – so heißt der Quark in Österreich „Topfen", siehe „Kleine kulinarische Sprachhilfe" im Anhang –, man benutzt hier auch eine spezielle Gewichtseinheit: das **Deka(gramm)**. Merke: 1 Deka(gramm) bzw. abgekürzt 1 dag entspricht 10 Gramm.

11 [J6] **Einfach Schön,** Schwarzstr. 4. Aktuelle Modetrends in individuellem Design.

12 [I5] **Exklusiv 2nd-Hand Designermode,** Schwarzstr. 33. Internationale Designermode zu günstigen Preisen, weil aus zweiter Hand.

13 [J7] **Heidi's,** Universitätsplatz 11. Kreative, bunte Hüte und Accessoires sowie Schmuck der gleichnamigen Designerin.

14 [J7] **Katharina Kaesbach,** Sigmund-Haffner-Gasse 14. Kleines, farbenfrohes Modelädchen, das man gesehen haben muss, auch wenn man nichts kauft. Ausgefallene, witzige und elegante Kreationen der gleichnamigen Designerin, auch Accessoires.

BÜCHER UND MUSIK

15 [J7] **Buchhandlung Mora,** Residenzplatz 2. Kleiner, historischer Buchladen von 1908 mit altem Mobiliar, der anspruchsvolle Literatur und auch Fachliteratur führt.

16 [K6] **Buchhandlung Paracelsus,** Steingasse 47. Kleiner, gut sortierter Buchladen mit persönlicher Beratung.

17 [J7] **Dombuchhandlung,** Kapitelplatz 6. Altehrwürdiger Buchladen mit Schwerpunkt auf Theologie und Ratgeberliteratur.

200 [K7] **Lotus Records,** Pfeiffergasse 4. CDs, DVDs und LPs aller Musikrichtungen in großer Auswahl.

18 [J7] **Musikhaus Katholnigg,** Sigmund-Haffner-Gasse 16. Seit 1847 die Adresse für Musikliebhaber, v. a. Klassik, aber auch Jazz, Chansons und Weltmusik.

KULINARISCHES

Konditoreien und Feinkostläden sind zwei Sparten, in denen Salzburg unschlagbar ist. Auch wenn man aufs Gewicht achten muss, sollte man zumindest einmal hineinschauen, das Angebot ist verlockend ...

Feinkost aller Art

19 [J6] **Feinkost Kölbl,** Theatergasse 2. Italienische und österreichische Delikatessen aller Art, Schokolade, Wein, Tee und Kaffee, Marmelade und Honig sowie Öle. Tägliches Mittagsgericht (6,50 €) an Stehtischen, Salate, hausgemachter Fruchtjoghurt und belegtes „Kölb-Semmerl" als Imbiss.

20 [J7] **Feinkost Reichl,** Wiener-Philharmoniker-Gasse 4. Italienische Salami, Schinken, hochwertige Käsesorten, frische Pasta, Antipasti, feine Pasteten und erlesene Weine aus aller Welt.

21 [J6] **Käslöchl,** Hagenauerplatz 2, www.kasloechl.at. Winziger Käseladen mit 120 bis 150 Sorten aus aller Welt, dazu

013sb Abb.: mb

erlesene Weine, Marmeladen und Schokoladen. Empfehlenswert ist vor allem der Vorarlberger Hochalpkäse.

> **Magazin** (s. S. 21). Feinkost und Wein, Blumen und Accessoires.

🏠**22** [J7] **R.F. Azwanger**, Getreidegasse 15, www.azwanger.at. 1656 gegründeter Kolonialwarenhandel mit erlesenen Spirituosen, österreichischen Weinen, handgeschöpften Schokoladen, Marmeladen, Essig und anderen Delikatessen.

🏠**23** [I7] **Spirituosen Sporer**, Getreidegasse 39, www.sporer.at. Seit 1407 werden im schmalsten Haus der Getreidegasse edle Destillate gebrannt, daneben gibt es österreichische Weine und internationale Spirituosen mit Ausschank. Bekannt für Kräuterbitter, Orangenpunsch und diverse Liköre.

Konditoreien, Bäckereien und Süßwarenläden

🏠**24** [J7] **Bäckerei Holztrattner**, Brodgasse 9. Im Angebot sind Brot, Vintschgerl, saftige Topfengolatschen (Hefetaschen mit Quarkfüllung), Mehlspeisen, Plunderteig und traditionelles Kletzenbrot, außerdem handgemachte Grissini. Der angebotene Mittagstisch ist gefragt, es gibt aber nur drei Tische.

🏠**25** [J7] **Braun**, Judengasse 1. Kleiner, gut sortierter Schokoladenladen, in dem es Schokolade aller Art und aus aller Welt gibt.

🏠**26** [J7] **Café Konditorei Fürst**, Brodgasse 13, www.original-mozartkugel.com. Paul Fürst erfand 1890 die Salzburger Mozartkugeln, die hier noch heute nach altem Rezept hergestellt werden und sich als einzige „Original Salzburger Mozartkugel" nennen dürfen. Außerdem finden sich Pralinen, typisch-österreichische Mehlspeisen und Torten im Angebot. Mit

▶ *Bei R. F. Azwanger kauft man seit 1656 ein*

Café und Gastgarten, weitere Filialen am Mirabellplatz 5, am Ritzerbogen, in der Sigmund-Haffner-Gasse und in der Getreidegasse 47 (nur Laden).

🏠**27** [J7] **Konditorei Hans Petrik**, Getreidegasse 23. Neben Fürst, Schatz und Holzermayr der vierte traditionelle Mozartkugel-Hersteller, der aber auch andere feine Backwaren im Angebot hat.

🏠**28** [L7] **Konditorei Ratzka**, Imbergstr. 45. Konditorei mit winzigem Café nahe der Nonntaler bzw. Karolinenbrücke, für viele die beste Konditorei in Salzburg. Bekannt für Trüffeltorten, Topfen- und Rudolfstorte u. v. m., dazu leckeres Käsegebäck. Mo. geschlossen.

🏠**29** [J7] **Konditorei Schatz**, Getreidegasse 3. Winziges, gemütliches, etwas

EXTRATIPP

Märkte

🏠**32** [J5] **Schrannenmarkt** um die Andräkirche, Mirabellplatz, Do. 6–13 Uhr. Wöchentlicher Bauernmarkt vor der Andräkirche, gegenüber Schloss Mirabell auch mehrere Bioständen.

🏠**33** [J7] **Grünmarkt**, Universitätsplatz/Wiener-Philharmoniker-Gasse, Mo.–Fr. 7–19, Sa. 7–15 Uhr. Großer Wochenmarkt, insbesondere am Samstag empfehlenswert, weil dann viele Bauern aus dem Umland ihre frische Ware verkaufen.

🏠**34** [L7] **Schanzlmarkt**, Kajetanerplatz, März–Dez. jeden 1. Sa. im Monat 8–16 Uhr. Kitsch- und Flohmarkt.

> **Schnäppchenmarkt** am Kapitelplatz ❷, drei Tage Mitte Juli, jeweils 10–20 Uhr. Alles von Haushaltswaren und Kleidung über Bücher und Spielzeug bis zu Antiquitäten und Raritäten (www.salzburg-altstadt.at).

altmodisches Café mit Laden im Durchhaus zwischen Getreidegasse und Grünmarkt. Hervorragende Kuchen, Cremeschnitten, Papageno-Torte und diverse Strudel sowie hausgemachte Mozartkugeln.

30 [J7] **Schokoladen- und Confiseriefachgeschäft Josef Holzermayr**, Alter

VOM MOZARTBONBON ZUR MOZARTKUGEL

Im Jahre 1890 soll der Salzburger Konditor Paul Fürst auf die Idee gekommen sein, in seiner Konditorei in der Brodgasse 13 (s. S. 18) eine gefüllte Schokokugel herzustellen, die er anfangs „Mozartbonbon" nannte. Bereits 1905 erhielt er bei der Pariser Weltausstellung eine Goldmedaille dafür. Bis heute werden in der Konditorei Fürst nach überliefertem Rezept und Verfahren diese „Original Salzburger Mozartkugeln" hergestellt und ins traditionelle Silberstanniol mit blauem Aufdruck gewickelt. Viel kopiert und seit dem Zweiten Weltkrieg heiß begehrt, dürfen sich seit den 1990er-Jahren nur die in den Salzburger Fürst-Filialen verkauften Kugeln „Original" nennen.

Mozartkugeln bestehen aus dunklem Nougat, das zur Kugel gerollt einen Kern aus Pistazienmarzipan umhüllt. Die Kugeln werden auf Holzspießchen gesteckt und in dunkle Kuvertüre getaucht. Handgefertigte Mozartkugeln sind nie ganz rund, da sie dort, wo das Stäbchen steckte, am Ende mit einem Klecks Schokolade „repariert" werden.

Wer einen Mozartkugeltest durchführen möchte, dem seien außer Fürst zwei andere Konditoreien empfohlen, die eigene Mozartkugeln herstellen: die Konditorei Hans Petrik in der Getreidegasse und die Konditorei Schatz (s. S. 18). Die Kugeln gibt es stückweise oder in Geschenkpackungen in unterschiedlicher Zahl zu kaufen.

Markt 7. Salzburger Mozartkugeln, Pralinen und Trüffel sowie andere Spezialitäten vom einstigen k. u. k. Hoflieferanten.

31 [J7] **Stiftsbäckerei St. Peter**, Kapitelplatz 8, Mo./Di., Do./Fr. 7–17.30, Sa. 7–13 Uhr (an Adventswochenenden länger). Die älteste Bäckerei Salzburgs existiert seit dem 12. Jh. in dem historischen Gemäuer. Hier gibt es Brot, „Petererbrot" aus Natursauerteig, Vintschgerl und Brioches. Backstube und Laden sind eins.

MITBRINGSEL UND VERSCHIEDENES

201 [K7] **Christmas/Easter in Salzburg**, Judengasse 11. Weihnachtsdeko und bemalte Ostereier in zwei benachbarten Shops.

35 [J6] **Gürtelmacher Schliesselberger**, Dreifaltigkeitsgasse 4. Winziger Laden mit Gürteln aller Art, dazu Handtaschen, Geldbeutel und Täschchen sowie Reparaturservice.

202 [J6] **Heart of Mozart**, Hagenauerplatz 2. Schmuck, Salzburger Herzen und Engerl in Torbogendurchgang.

36 [K6] **Johan Nagy & Söhne**, Linzer Gasse 32. Alles, was mit Wachs und Honig zu tun hat, z. B. Salzburger „Wachs-Jesukinderl", handbemalte Wachsmodeln (Wachsformen) Motivkerzen und Honiglebkuchen.

37 [J7] **Klosterladen St. Peter**, Franziskanergasse 2. Bücher und Klosterprodukte.

38 [J6] **Knopferlmayer**, Rathausplatz 1. Zumindest ein Blick in diesen Laden ist ein Muss, denn so viele Knöpfe (sowie anderes Handarbeits- und Nähzubehör) sind kaum anderswo zu sehen.

39 [H7] **Roittner im Ofenloch**, Rainbergstr. 5. Küchenutensilien, Haushaltswaren und Porzellan aller Art in großer Auswahl.

40 [K7] **Salzburger Heimatwerk**, Residenzplatz 9, www.sbg.heimatwerk.at. Im historischen Gewölbe der Neuen Residenz (unterm Glockenspiel) werden neben Trachten, Webarbeiten, Drucken,

Spezereien und CDs typisch Salzburger Kunsthandwerk sowie Geschenkartikel und Souvenirs verkauft.

41 [J6] **Schirmhandel und -Manufaktur Kirchtag**, Getreidegasse 22. Handgefertigte Schirme seit 1903, auch Maßanfertigungen (!), Garten- und Sonnenschirme, dazu Stöcke u. a. Accessoires.

SALZBURG FÜR GENIESSER

Aushängeschild der lokalen Gastronomie sind die sogenannten Haubenlokale – Spitzenrestaurants mit Auszeichnung. Über 20 gibt es in Salzburg und sie machen die Stadt zur Gourmetmetropole Österreichs. Für Feinschmecker wie „Normalesser" ist die Stadt dank ihrer Wirtschaften bzw. Beisln ein vorzügliches Ziel.

Viele der Gasthäuser, unabhängig vom Preislevel, sind im Verein „Salzburger Wirtshauskultur" zusammengeschlossen. Allerdings bilden diese Lokale nur eine Seite der gastronomischen Szene, auch die Kaffeehauskultur hat eine lange Tradition in Salzburg, ebenso die lokalen Brauereien und die Gast- bzw. Biergärten.

Heute wird noch bei Stieglbräu, Augustiner Bräu im Kloster Mülln, in Raschhofer's Rossbräu und in der Salzburger Weißbier-Brauerei selbst gebraut.

In Salzburg gibt es allerhand **Spezialitäten** wie die legendären Salzburger Nockerln (s. S. 27), spezielle Käsesorten aus dem Umland (z. B. Heumilch-Käse aus dem Salzburger Flachgau), aber auch Fische wie Forelle, Rainanke oder Saibling aus den heimischen Flüssen und Seen. Biofleisch und andere Produkte kommen aus dem nahen Pinzgau (Pinzgauer Biorind,

TIPPS UND HINWEISE

> Zu Salzburger bzw. österreichischen Spezialitäten siehe **„Kleine kulinarische Sprachhilfe"** im Anhang.
> **Buchtipp:** Maria Höllrigl, „Salzburger Spezialitäten", Kompass Verlag 2009.
> **Infos zu den Lokalen,** die im Verein „Salzburger Wirtshauskultur" zusammengeschlossen sind, bietet www.salzburgerwirtshaus.at.
> **Während der Festspielzeit** haben so gut wie alle Lokale länger geöffnet (bis mind. 24 Uhr) und verzichten auf den sonst oft üblichen Ruhetag.
> Viele Lokale bieten günstige **Mittagsteller** (ab 5 €) an, die täglich wechseln.

Bierkäse, Kitz, Bramberger Obstsaft), dem Salzkammergut (Reinanken) und dem Tennengau (v. a. Almkäse und Berglamm).

Die **Tischsitten** entsprechen prinzipiell den deutschen, oft gilt immer noch die Parole „Besser den Magen verrenkt als dem Wirt was g'schenkt", d. h., man isst seinen Teller leer, sonst erntet man böse Blicke. Im Kaffeehaus heißt der **Kellner** immer noch „Herr Ober" – und möchte auch so gerufen werden. Beim

PREISKATEGORIEN

€€€	15 € und mehr
€€	10–15 €
€	unter 10 €

(Angabe für ein Hauptgericht pro Person ohne Getränk)

Wo eine Reservierung vorab sinnvoll ist, v. a. an Abenden, Wochenenden und während größerer Veranstaltungen, wurde die Telefonnummer angegeben.

weiblichen Pendant ist die Anrede bis heute im Argen, reicht von „Fräulein" über „Frau Kellnerin" bis hin zu „Frau Ober". Knödel aller Art, Kaiserschmarrn, Nockerln o. Ä. werden nie mit dem Messer geschnitten, sondern mit der Gabel zerrissen. „Mahlzeit" oder „Guten Appetit" gehören in geselliger Runde ebenso zum guten Ton wie ein **Trinkgeld** von 5 bis 10 %.

EMPFEHENSWERTE LOKALE

Gehobene Restaurants

42 [I6] **Carpe Diem Finest Fingerfood** €€€, Getreidegasse 50, Tel. 848800, www. finestfingerfood.com. Wie Ikarus und Afro Coffee ein Restaurant des Red-Bull-Chefs Mateschitz, berühmt für die in Waffelhörnchen servierten Gerichte. Dienstags Liveacts verschiedener Künstler ab 20 Uhr und Vorstellung des „Cones des Monats" zum Probierpreis. Das Frühstück (8.30–11 Uhr, Sa./So. 8.30–13 Uhr) ist ebenfalls zu empfehlen!

43 [C8] **Ikarus** €€€, Wilhelm-Spazier-Str. 7, Tel. 2197, www.hangar-7.com, tgl. 12–14 und 18.30–22 Uhr. Im Hangar 7 **27** gelegenes Toprestaurant, in dem jeden Monat ein anderer Spitzenkoch aus aller Welt kocht. Langfristige Reservierung nötig!

44 [H6] **Magazin** €€€, Augustinergasse 13, Tel. 8415840, www.magazin.co.at, Di.–Sa. 10–24 Uhr. Spezialitätenrestaurant (Sterneküche) und Designboutique in einem, dazu Kochkurse, Bar und Vinothek mit Feinkost.

45 [G7] **Restaurant Riedenburg** €€€, Neutorstr. 31, Tel. 830815, tgl. außer So. u. Mo. Haubengastronomie in gemütlicher Atmosphäre (mit Gastgarten) etwas abseits vom Zentrum. Vergleichsweise günstige 3-Gänge-Menüs um 18/38 € (mittags/abends), traditionelle österreichische Küche und regionale Schmankerl mit Weltflair.

015sb Abb.: mb

Gasthäuser und Beisln

50 [K6] **Alter Fuchs** €, Linzer Gasse 47. Uriges Stadtwirtshaus mit kreativer Küche und bodenständigen österreichischen Schmankerln, die in historischen Gewölberäumen oder im Innenhof serviert werden. Besonders lohnend während der Wild- und Ganslwochen im Herbst.

51 [K6] **Brüderlein fein** €–€€, Linzer Gasse 39, Tel. 230206, Mo.–Fr. 11–22, Sa. 9–22 Uhr. Lokal mit „österreichischer Fein- und Weinkost" in modernem Gebäude im Bruderhof, kleine Gerichte (v. a. gute und preiswerte Jausen, Süßspeisen und einige Klassiker) und dazu auserlesene Weine und Brände. Samstags Weißwurst-Brunch.

52 [K2] **Gasthof Auerhahn** €–€€, Bahnhofstr. 15, tgl. außer sonntagabends und Mo. Regionale Hausmannskost und neue österreichische Küche, z. B. Topfenknödel, saisonale Spezialitätenwochen, dazu österreichische Weine. Auch Italienisches wird angeboten. Schattiger Gastgarten mit altem Kastanienbestand.

53 [H5] **Gasthof Krimpelstätter** €, Müllner Hauptstraße 31, Tel. 432274, Di.–Sa. 11–24 Uhr. Seit 1548 überlieferte Traditionsgaststätte in Mülln. Gemütliches Beisl mit Biergarten und Salzburger Hausmannskost wie Kasnockn, Tafelspitz oder Surschnitzerl, Apfelkiachl oder Kaiserschmarrn. Dazu wird das Bier des benachbarten Augustiner Bräu (s. S. 25) ausgeschenkt.

54 [I7] **Goldener Hirsch** €€€, Getreidegasse 37, Tel. 80840, www.goldenerhirsch.com. Nobelhotel und legendäres Spitzenrestaurant, etwas touristisch und daher teurer, aber gut.

KURZ & KNAPP

„Fingerfood" im Carpe Diem

Das elegante Restaurant in der Getreidegasse mit seinem überaus zuvorkommenden und schnellen Service ist zweigeteilt: Einerseits gibt es im Obergeschoss ganz „normale" klassische Gerichte und mehrgängige Menüs, andererseits im Erdgeschoss Cones und Fingerfood. 4-Hauben-Koch Jörg Wörther ist bekannt geworden mit seinen knusprigen Cones (Waffelhörnchen) aus verschiedenen Teigen und mit unterschiedlichen Füllungen im Stil ganzer Gerichte im Miniaturformat, z. B. „Gebeizter Zander mit Artischocken und Spargelspitzen im Polenta-Cone" oder „Beef Tatare mit Erdäpfelpüree und Ruccola im Kartoffel-Cone". Ein Versuch lohnt sich, die Kombinationen sind interessant und die Größe der Cones erlaubt es, mehrere zu probieren und dazu die interessanten Carpe-Diem-Getränke – Kombucha, Ginkgo, Kefir – zu trinken.

◄ *Carpe Diem hat Fingerfood zur Haute Cuisine erhoben*

LAIKAUFF

Lokale mit guter Aussicht

◯46 [J6] **Café Sacher**, Schwarzstr. 5–7, tgl. 7.30–24 Uhr. Geschichtsträchtig und schon 1866 eröffnet, 1988 vom Wiener Sacher übernommen. Schöne Salzach-Terrasse mit Ausblick.

◑47 [I6] **m32** €€€, Mönchsberg 32, Tel. 841000. Restaurant mit mediterraner, aber bodenständiger Küche. Besonders schön ist die vorgelagerte Terrasse mit Freiplätzen. Zugehörig sind ein Illy-Café und eine Bar. Di.–So. 9–16 Uhr Frühstück, preiswerter Lunch, kleine Gerichte („Sundowner") oder volles Dinner und dazu glasweise preislich moderater Wein.

◑48 [J6] **steinterrasse café.bar.lounge** €€, Giselakai 3–5, Tel. 87434–60, tgl. 12–24 Uhr. Szenelokal im Hotel Stein mit hervorragendem Blick über Salzburgs Altstadt, Do./So. auch Livemusik.

◑49 [M5] **Wirtshaus im Franziski-Schlössl** €€, Kapuzinerberg 9, Mi.–So. 10–19/20 Uhr. Schöne Terrasse mit Ausblick und guten Jausen auf dem Kapuzinerberg.

Für den späten Hunger

Salzburg ist keine Weltmetropole und deshalb schließen die meisten Lokale, Pubs und Braugaststätten um spätestens 24 oder 1 Uhr.

Einige Cafés wie das Central (s. S. 26) und Würstelstände sind bis Mitternacht geöffnet. Bis 3 Uhr (außer So.) werden im Sudwerk, Teil des Brauereikomplex Die Weiße (s. S. 25), deftige Hausmacherkost und Brotzeiten serviert. In der Bar Pepe Gonzales (s. S. 30) werden Di. bis Sa. bis 3 Uhr mexikanische Gerichte zum Cocktail serviert.

Dinner for one

In Salzburg kann man getrost in die Kaffeehäuser gehen, wenn man allein unterwegs ist, und auch sonst wird man selten belästigt. Im Carpe Diem (s. S. 21) gibt es angenehm kleine Tische und viel Singlepublikum, auch im Spoon. Good Mood Food (s. S. 25) fühlt man sich als allein speisender Gast wohl.

◑55 [I6] **Humboldt Stubn** €, Gstättengasse 4–6. Nette, einfache Wirtschaft mit Gastgarten, serviert wird v. a. österreichische Hausmannskost.

◑56 [J7] **Scio's Specereyen** €, Sigmund-Haffner-Gasse 16. Historisches Feinkostgeschäft Stranz & Scio, ursprünglich in Mozarts Geburtshaus untergebracht, seit 1838 im Besitz der Familie Thury-Saullich-Scio-Rigaud. Gemütliches, von Einheimischen gern frequentiertes Bistro, im dem hausgemachte Spezialitäten wie Gulasch und preiswerte Mittagsteller serviert werden (Tagesgerichte!) und es „Venusbrüstchen" gibt.

◑57 [J7] **Stiftskeller St. Peter** €€€, Stiftsbezirk I/IV, Tel. 8412680. Seit 1803 dinniert man hier in unterschiedlichen Räumlichkeiten oder im Gastgarten. Im

Barocksaal regelmäßig Mozart Dinner Concerts (s. S. 31).

◑58 [J7] **Triangel** €–€€, Wiener-Philharmoniker-Gasse 7. Von Einheimischen nach dem Besitzer „Franzi" genannt, mischen sich in diesem legendären Lokal nahe

KURZ & KNAPP

Capezzoli di Venere – Venusbrüstchen

Venusbrüstchen wurden bereits zu Mozarts Zeiten in der Confiserie von Stranz & Scio hergestellt und werden noch heute nach altem Rezept zubereitet: marinierte Kastanien mit Nougat und Weichselcreme, umhüllt mit schwarzer oder weißer Schokolade und liebevoll handverziert.

dem Festspielbezirk Stars und Künstler mit Alt-Salzburgern, Studenten und Besuchern. Preiswerter Mittagsteller!

59 [J6] **Zum Eulenspiegel** €€€, Hagenauerplatz 2/Getreidegasse, gegenüber Mozarts Geburtshaus. Internationalisierte Küche in altem Bürgerhaus am Löchlbogen, das seit 1713 als Gaststätte dient, v. a. sehenswerte Gasträume im zweiten Stock.

60 [J6] **Zum Fidelen Affen** €, Priesterhausgasse 8. 1407 erstmals als Postkutschenstation erwähnt, heute beliebter, gemütlich-rustikaler Treff. Leckere lokale Spezialitäten und Biere der Privatbrauerei Stiegl.

Weltküche und Vegetarisches

64 [I6] **Afro Coffee** €–€€, Bürgerspitalplatz 5, Mo.–Sa. 9–24 Uhr. Café mit Angebot an kleinen, ausgefallenen, afrikanisch inspirierten Gerichten, z. B. Straußenfleisch oder Couscous (bis 14 Uhr Frühstück, werktags 11.30–15 Uhr Afrolunch um 6,50 € mit Vorspeise). Farbenfrohes, junges Ambiente mit afrikanischen Details. Im zugehörigen Shop werden Designermode wie T-Shirts, Taschen, Schmuck sowie Wohnungsaccessoires mit gestalterischen Einflüssen aus Afrika, aber auch Kaffee aus eigener Rösterei und Tee verkauft.

65 [I3] **Akadia**, Jahnstr. 8, Tel. 662 879243. Mal was Anderes: Creole Cuisine (aus Louisiana) mit viel Fisch und Meeresfrüchten in angenehmer Atmosphäre.

66 [K4] **Bangkok** €–€€, Bayerhammerstr. 33, Tel. 873688. Das Thai-Restaurant im Salzburger Raum. Preiswert und frisch zubereitet, im Sommer Mo. geschlossen. Viel Vegetarisches im Angebot.

016sb Abb.: ac

67 [J7] **Indigo** €–€€, Rudolfskai 8 und

68 [J5] **Indigo** €–€€, Auerspergstr. 10, mit Gartenlounge. Asiatisch inspirierte Küche: Currys, Nudelgerichte, Sushi ..., vieles davon vegetarisch und auch zum Mitnehmen.

69 [K8] **Lemonchilli** €–€€, Nonntaler Hauptstr. 24, tgl. 17–1 Uhr, Mo.–Fr. ab 11, Sa./So. ab 16 Uhr. Mexikanisches Lebensgefühl im Lokal und im schönen Gastgarten.

70 [O4] **Pomodoro** €€, Eichstr. 54, Tel. 640438, nur Do.–So. 12–13/18.30–21 Uhr. Etwas entfernt in Salzburg-Gnigl im Osten gelegener, angeblich bester Italiener der Stadt. Tolles Antipasti-Buffet.

71 [J7] **Spoon. Good Mood Food** €, Wiener-Philharmoniker-Gasse 9 (im Rupertinum), Tel. 841001, Di.–Sa. 10–24 Uhr. Im Museum der Moderne 14 bietet das Spoon vietnamesisch inspirierte Küche (Suppen, Currys, Nudelgerichte), aber auch Italienisches, Vegetarisches und Traditionelles zu angenehmen Preisen (Tagesgericht 5,50 €, bis 15 Uhr) und kreativ zubereitet.

KLEINBRAUEREIEN UND BIERKNEIPEN

Brauereien und Brauereigaststätten

72 [H5] **Augustiner Bräu**, Augustinergasse 4. Legendäres Bierlokal im Stadtteil Mülln am Nordende des Mönchsbergs mit vier riesigen, urig-rustikalen Bierhallen, dazu verschiedene Verkaufsstände und Bierausschank, alles zur Selbstbedienung, außerdem großer Biergarten.

73 [L5] **Die Weiße – Salzburger Weißbierbrauerei**, Rupertgasse 10, Tel. 8722460, www.dieweisse.at. Ausgezeichnetes Weißbier und rustikale, preiswerte Gerichte in großer historischer Gasthausbrauerei mit Freiplätzen. Beliebter Treff ist das zum Komplex gehörende neue „Sudwerk", eine Cocktailbar

EXTRATIPP

Schnelle Küche

61 [I7] **Balkan-Grill**, Getreidegasse 33. Unscheinbar winziger Kultimbiss im Durchhaus zwischen Getreidegasse und Pferdeschwemme. Hier gibt es nur „Bosna", ein gegrilltes Schweinsbratwürstel mit verschiedenen Auf- bzw. Beilagen, zum Mitnehmen. Klassisch ist Bosna mit Zwiebeln, Petersilie, Gewürz, aber ohne Ketchup.

62 [J7] **Walter Lechner Würstlstand**, Universitätsplatz, Mo.–Sa. 8–18 Uhr. Nicht so legendär wie der Balkan-Grill, doch ebenfalls beliebt und gut.

63 [J6] **Würstlkönigin**, Ferdinand-Hanusch-Platz. Käsekrainer, Debrecziner oder Burenhäutl in scharfer oder süßer Variante, bis spätabends geöffnet.

mit Schaubrauerei, Livemusik u. a. Events.

74 [C3] **Raschhofer's Rossbräu**, Europastr. 1 (Europapark), www.raschhofer.at, Mo.–Fr. 10.30–1 Uhr, Sa. ab 10 Uhr. Im Südosten des Europaparks gibt es selbstgebrautes Bier und österreichische Küche im gemütlichen Gastraum oder im Freien.

75 [E8] **Stiegl Privatbrauerei**, Bräuhausstraße (Buslinie 1), www.brauwelt.at. Das Brauereigelände umfasst Braustüberl und Brauschalander – so hieß früher der Aufenthaltsraum der Brauer und Bierfahrer – (tgl. 10–24 Uhr) sowie einen Braugarten unter Kastanien.

◄ *Bekannt für guten Kaffee und afrikanische Gerichte: Afro Coffee*

76 [L5] **s'Kloane Brauhaus** in der Kastner's Schenke, Schallmooser Hauptstr. 27. Die schon 1889 erwähnte Wirtschaft ist bekannt für ihr selbstgebrautes naturtrübes, obergäriges Weißbier.

Bierkneipen

77 [I6] **Braumeister Bierpub**, Griesgasse 25, Mo.–So. 18–2 Uhr. Gemütliche Bierkneipe mit großer Bierauswahl.

78 [I6] **Sternbräu**, Griesgasse 23, tgl. 9–24 Uhr. Vier Lokale vereint im Stadtzentrum: Hauptlokal Sternbräu, Trattoria La Stella, Bierpub Braumeister und Abendstern, dazu Biergärten. Touristisch viel frequentiert, kinderfreundlich und mit österreichischer Küche. Schöner Kunsthandwerksmarkt im Advent.

79 [J4] **StieglBräu**, Rainerstr. 14. Braustube, Biergarten und Restaurant. Österreichische und vegetarische Küche.

80 [K7] **Stieglkeller**, Festungsgasse 10, Mai–Sept. 11–24 Uhr, im Okt. Sa./So. und an Adventswochenenden Fr.–So. geöffnet. Großer Brauereigasthof der lokalen Privatbrauerei mit Terrasse, schön gelegen am Fuß der Festung, stark von Gruppen frequentiert.

81 [J6] **Stiegl's Weizzz**, Schwarzstr. 10, Mo.–Do. 10–1, Fr. 10–2, Sa. 17–2 Uhr. Bar-Brasserie mit Fassbier von Stieglbräu und netter Atmosphäre. Tagesmenüs ab 4,90 €, außerdem kleine Gerichte.

82 [J7] **Zipfer Bierhaus**, Universitätsplatz 19/Sigmund-Haffner-Gasse, Mo.–Sa. 10–24 Uhr. Bier und bodenständige Kost in historischer Gaststätte mit Garten.

▶ *Ältestes Kaffeehaus der Stadt: Café Tomaselli*

CAFÉS UND BISTROS

Bei Cafés kann man in Salzburg, was Qualität und Atmosphäre angeht, kaum fehl gehen, allerdings ist dieses Vergnügen im Unterschied zu einem normalen Restaurantessen relativ teuer: 2,50–3 € pro Stück Torte oder Strudel sind durchaus üblich.

203 [K7] **220° Roesthaus und Café**, Chiemseegasse 5. Schickes Café mit Kulturprogramm sowie Kaffeerösterei (Bestellung: www.220grad.com)

83 [J6] **Café Bazar**, Schwarzstr. 3, Mo.–Sa. 7.30–23, So. 9–18 Uhr. Alt-Wiener Café, das seit 1909 nahe der Staatsbrücke im ehemaligen Bazar residiert. Treff der Salzburger, Kaffeespezialitäten wie der Hauskaffee (Getreidekaffee mit Sahne), tolles Frühstück, leckere Mehlspeisen und günstige Tagesgerichte.

84 [J6] **Café Central**, Dreifaltigkeitsgasse 3, tgl. außer So. 8.30–24 Uhr. Kleines Café, in dem es vom Frühstück über Mittagstisch, Kaffee und Kuchen bis hin zum Abendsnack alles gibt.

85 [J6] **Café Classic**, Makartplatz 8, in Mozarts Wohnhaus, tgl. 7.30–19.30 Uhr, auch Freiplätze. Mehlspeisen, Frühstück und Gerichte für zwischendurch.

86 [L7] **Café Cult**, Hellbrunner Str. 3, Mo. 9–17, Di.–Fr. 9–23 Uhr, 1. Sa. im Monat 9–15 Uhr. Café im Künstlerhaus, auch mit kleinen Gerichten und Vegetarischem, abends gelegentlich Veranstaltungen.

87 [J5] **Café Fingerlos**, Franz-Josef-Str. 9, tgl. außer Mo. 7.30–19.30 Uhr. Kaffeehaus nahe Schloss Mirabell, vielfältige Süßspeisenauswahl und kleine Gerichte.

88 [J7] **Café Getreidegasse**, Getreidegasse 27. In den 1870er-Jahren von Martin Hager eröffnetes, viel besuchtes Traditionscafé mitten in der Altstadt.

89 [K6] **Café Habakuk**, Linzer Gasse 26, tgl. 9–22 Uhr. Nettes kleines Café mit kleinen Gerichten und Eis.

SALZBURGER NOCKERLN

„Süß wie die Liebe und zart wie ein Kuss … ein himmlischer Genuss", so werden die Salzburger Nockerln in der Operette „Saison in Salzburg" von Fred Raymond gepriesen. Die drei hügelartigen Teignockerln, locker-luftig und mit Puderzucker bestreut, sollen an die drei Salzburger Hausberge - Mönchsberg, Rainberg und Kapuzinerberg - erinnern. Wer das Gericht erfunden hat, weiß man nicht, sicher ist nur, dass sich das Nockerl-Rezept Mitte des 19. Jh. in Kochbüchern des Erzherzogs Johann von Österreich findet.

Zutaten für 4 Portionen:
6 Eier
gut 50 g Zucker
1 Päckchen Vanillezucker
6 EL (40 g) Mehl
Puderzucker
abgeriebene Zitronenschale

Die Eier sauber trennen. Backofen auf 200 °C vorheizen. Eiweiße mit einer Prise Salz steif schlagen, die Hälfte der Zuckermischung langsam einrieseln lassen und dabei weiterschlagen. Eigelbe mit Zitronenschale und restlichem Zucker cremig rühren. Zirka ein Drittel des Eischnees unterrühren, den Rest ebenso wie das darübergestäubte Mehl vorsichtig mit dem Teigspachtel unterziehen, damit die Masse möglichst luftig bleibt. Mit zwei großen Löffeln 4-6 große Nocken abstechen und dicht nebeneinander in eine gebutterte feuerfeste Form setzen. Im vorgeheizten Backofen 10-15 Minuten goldbraun backen, mit Puderzucker bestäuben und sofort servieren, da die Nockerln sonst wie Soufflé zusammenfallen.

⊘**90** [J6] **Café Mozart**, Getreidegasse 22, tgl. 8–22, So. ab 9 Uhr. Traditionsreiches Kaffeehaus in prominenter Lage mit preiswerten kleinen Gerichten.

❯ **Café Sacher** (s. S. 23)

⊘**91** [J6] **Café Sigrist**, Griesgasse 13. Ein Klassiker unter Salzburgs Kaffeehäusern. Im ersten Stock über dem Hanuschplatz gelegen, schöner Blick auf die Salzach und angenehme Atmosphäre.

⊘**92** [J7] **Café Tomaselli**, Alter Markt 9, Mo.–Sa. 7–21, So. 8–21 Uhr. Das älteste Kaffeehaus der Stadt (seit 1705) wartet mit einer illustren Gästeliste auf (Mozart, von Hofmannsthal oder Karajan). Elegantes Ambiente, Terrasse und schräg gegenüber im Sommer „Kioskbetrieb" mit Tischen im Freien. Auch Tagesgerichte.

⊘**93** [J5] **Café Wernbacher**, Franz-Josef-Str. 5, Mo.–Fr. 9–24, Sa. 9–20 Uhr. Alteingesessenes Kaffeehaus im Andräviertel, Treff der Salzburger, um Strudel, Torten und Mehlspeisen oder die preiswerten wechselnden Tagesgerichte zu genießen.

⊘**94** [I7] **Café Würfelzucker**, Getreidegasse 36 (Sternbräugarten), Di.–Sa. 9–18, So. 10–17 Uhr. Das Café in einem alten Gewölbe serviert ganztägig Frühstück, außerdem tolle Strudel.

⊘**95** [K7] **Fasties – food, wine & coffee**, Pfeifergasse 3, Mo.–Fr. 10–21 Uhr. Café mit Freiplätzen und mediterraner Feinkost sowie Pasta- und Wokgerichten.

⊘**96** [I7] **Uni: versum Nescafé**, Hofstallgasse 4 (Festspielbezirk), Mo.–Sa. 10–20 Uhr. Café, dazu vegetarische und italienische Küche, mit Gastgarten und Bar.

018sb Abb.: ts

SALZBURG AM ABEND

Salzburg ist zwar nicht gerade für sein Nachtleben berühmt, doch hinter den beschaulichen Fassaden und in den lauschigen Höfen ist durchaus etwas los. Gerade in lauen Sommernächten, an Wochenenden und während der Festspielwochen geht es bis in die frühen Morgenstunden rund.

NACHTLEBEN

Bester Ausgangspunkt für die Erkundung des Salzburger Nachtlebens ist das „Bermudadreieck" zwischen Steingasse, Rudolfskai, Imbergstraße und Giselakai [J/K6] sowie die Gstättengasse [I6] am Mönchsbergslift.

Discos und Klubs

⊘**97 Gusswerk – Eventfabrik**, Söllheimerstr. 16, Salzburg-Kaserne, www.gusswerk.net. Veranstaltungshalle in 100-jähriger Glockengießerei mit Fabrikcharakter. Zugehörig sind ein Brauhaus (Di.–Sa. ab 16 Uhr), und ein Café

▶ *Salzburgs Nachtleben spielt sich vor allem im „Bermudadreieck" ab*

(Mo.–Fr. 9–19 Uhr). Beliebt zum Tanzen und Chillen.

98 [I6] **Half Moon,** Gstättengasse 4–6, www.halfmoon.at, Do.–Sa. 22–5 Uhr. Party-Location (Lounge, Disco, Klub) mit internationalen DJs.

99 [J6] **Havana Cocktailbar,** Priesterhausgasse 14. Nachtlokal mit Livemusik und kleiner Tanzfläche.

100 [I6] republic café, Anton-Neumayr-Platz 2, www.republiccafe.at, tgl. 8–23 Uhr. Restaurant, Bar, Klub und Café (auch im Freien). Preiswerte Mittagsgerichte und Frühstück, abends tgl. wechselnde Musikacts, v. a. DJs.

101 [J6] **Saitensprung,** Steingasse 11, (tgl. 21–4 Uhr). Mischung aus Bar und Disco.

204 [I6] **Segabar,** Gstättengasse 23, (Filialen Rudolfskai 18 und 26), tgl. 20–4 Uhr. Partylocation für Jüngere. Relativ preiswerte Drinks.

102 [K6] **Watzmann,** Giselakai 17 a, tgl. außer So. 18–4/5 Uhr. Die Bar mit tropischem Garten ist ideal zum Chillen geeignet, auch unter Palmen in der Lounge. Große Cocktailauswahl, sehr stylish.

Musikkneipen

103 [O3] **Country Saloon,** Schillinghofstr. 19, Di.–Sa. 18–4 Uhr. Saloonatmosphäre mit Modelleisenbahn als besonderer Gag. Zu hören gibt es Country-Musik, vereinzelt auch live, zu essen gibt es u. a. Steaks und Chili, im Sommer auch im Garten.

104 [N5] **Jazzclub Life Salzburg,** im Urbankeller, Schallmooser Hauptstr. 50,

Tel. 2134548, www.jazzclublife.at. Livejazz und beliebter Treff der Salzburger Jazzfreunde.

105 [J4] **Jazzit Musik Club,** Elisabethstr. 11, Lokal Di.–Sa. ab 18 Uhr, Tel. 871479, www.jazzit.at. Einer der raren Jazzklubs der Stadt, in dem gelegentlich auch berühmte Stars auftreten. Außerdem Bar.

106 [M5] **Rockhouse,** Schallmooser Hauptstr. 46, www.rockhouse.at, Tel. 884914. Veranstaltungsbühne der Stadt, auf der fast täglich Konzerte stattfinden. Tickets je nach Veranstaltung bis 25 €.

205 [K7] **Treffpunkt,** Chiemseegasse 2. Der Jazztreff für jedermann. Hausjazzer ist Adi Jüstel, daneben gibts Volksmusik.

Bars und Lounges

107 [I6] **Abendstern,** Sterngässchen 25 (Sternbräu-Komplex), 17–2 bzw. Fr./Sa. 17–4 Uhr. Musik- und Szenebar, in der Sternbräu-Bier ausgeschenkt wird. Musik der 1970er- und 1980er-Jahre.

206 [K6] **Andreas Hofer Weinstube,** Steingasse 65. Uriges, gemütliches Weinlokal in ehemaligem Zunfthaus.

108 [K6] **Baboon Bar,** Imbergstr. 11, ab 19 Uhr. Mit Gastgarten und breiter Palette an Musikrichtungen.

109 [K6] **Bazillus,** Imbergstr. 2 a, Mo.–Do. 18–2, Fr./Sa. 18–4 Uhr geöffnet. Cool gestylte Bar, die vom Gastgarten aus einen Blick auf die Altstadt bietet. Neben Tapas gibts auch Salate, Sandwiches usw.

207 [K6] **Cave Le Robinet,** Steingasse 43, Weinkeller mit Verkostung und Verkauf sowie Weinseminaren.

110 [K6] **Chez Roland,** Giselakai 15. Der Treffpunkt für alle, die in sein wollen.

208 [K6] **Fridrich Weinbar,** Steingasse 15, tgl. 18–1 Uhr. Nette Weinbar mit guter Atmosphäre.

111 [I6] **m32/Agnes Bar,** Mönchsberg 32. Cocktails an der Bar (17–1 Uhr), Cigar Lounge – Szenetreff!

112 [J6] **Pepe Gonzales**, Steingasse 3, (tgl. 18.30–3 Uhr). Cocktailbar mit breiter Palette an Blues, Jazz und Latinomusik.

› **steinterrasse café.bar.lounge** (s. S. 23), Giselakai 3–5, tgl. 12–24 Uhr. Bar und Lounge mit Panoramablick über die Salzburger Altstadt.

114 [J6] **Wein & Co Bar**, Am Platzl 2, tgl. 10–24., So. ab 11 Uhr. Unzählige Weine zum Verkosten, dazu kleine Gerichte (Tapas). Gleichzeitig Weinhandlung mit 2000 Weinen und Spirituosen, Geschenken und Feinkost.

115 [K6] **Zebra – American Bar**, Imbergstr. 11, tgl. 20–4/5 Uhr. Neuer, durchgestylter Klub mit Lounge und Gartenbetrieb. In der Z-E-B-R-A Lounge kann man selbst Musik machen. Die Bar ist bekannt für eine große Auswahl an tollen Cocktails.

0.19sb Abb.: ts

THEATER UND KONZERTE

Salzburg ist eine Festspielstadt und fast ganzjährig finden an der Salzach (vor allem klassische) Konzerte statt. Insgesamt sollen es pro Jahr rund 4000 kulturelle Veranstaltungen sein. Salzburg Tourismus gibt zweimal jährlich eine 80-seitige, großformatige und mehrsprachige Broschüre „Veranstaltungen" heraus, um den Besuchern einen gewissen Überblick über die Masse der Festivitäten zu verschaffen.

Tickets

Informationen über Veranstaltungen gibt es im Internet unter

› www.salzburg.info/de/kunst_kultur/events

Tickets können online über die Website www.salzburg.info (bzw. www.salzburgticket.com) gebucht werden oder sind z. B. erhältlich bei:

● **116** [J7] **Polzer Travel & Ticketcenter**, Residenzplatz 3, Tel. 8969, www.polzer.com. Tickets aller Art.

● **117** [J5] **Salzburg Panorama Tours**, Mirabellplatz, Schrannengasse 2/2, Tel. 874029, www.panoramatours.com

● **118** [K7] **Salzburg Ticket Service GmbH**, in der Salzburg Information, Mozartplatz 5, Tel. 840310, www.salzburgticket.com

● **119** [J7] **Salzburg Tickets**, Getreidegasse 5, Tel. 825858, www.salzburghighlights.com

Bühnen

In einem Baukomplex am Südende des Mirabellgartens, am Makartplatz, befinden sich folgende vier Bühnen:

◀ *Schön zum Chillen oder für einen Cocktail: die steinterrasse*

↻**120** [J6] **Kammerspiele,** Schwarzstr. 24, www.salzburger-landestheater.at, Tel. 871512222

⊘**121** [J6] **Mozarteum,** Schwarzstr. 26, Tel. 873154, www.mozarteum.at. Akademie-, Kammerkonzerte und Solisten.

↻**122** [J6] **Salzburger Landestheater,** Schwarzstr. 22, Tel. 871512222, www.salzburger-landestheater.at, Mitte Sept.–Mitte Juni. Opern, Operetten, Schauspiele u. a.

↻**123** [J6] **Salzburger Marionettentheater,** Schwarzstr. 24, Tel. 872406, www.marionetten.at. Vorstellungen 16/19.30 Uhr, z. B. Musical „The Sound of Music", v. a. Opern und Operetten wie die „Zauberflöte" oder „Hänsel und Gretel". Rabatt mit Salzburg Card.

Weitere Bühnen sind:

↻**124** [L8] **ARGE Kultur,** Mühlbacherhofweg 5 (Nonntal), Tel. 8487840, www.argekultur.at. Kulturzentrum mit Kabarett, Theater, Livekonzerten, Workshops, Performances u. a. Zugehörig: ARGE Beisl (Mo.–Sa. 9–1, So. 10–1 Uhr) mit günstigen Mittagsmenüs!

⓯ [J7] **Festspielbezirk,** www.salzburgerfestspiele.at/ spielstaetten. Hier finden sich die drei Hauptaufführungsstätten der Salzburger Festspiele: **Felsenreitschule, Haus für Mozart** (früher Kleines Festspielhaus) und **Großes Festspielhaus.** Abgesehen von den Festspielveranstaltungen werden im Haus für Mozart auch Orchester- und Chorkonzerte dargeboten.

↻**125** [J6] **Heckentheater im Mirabellgarten,** Tel. 80723424, Fr. von Ende Juni bis Ende Aug., bei schlechtem Wetter in der Wolf-Dietrich-Halle im Schloss Mirabell. Naturtheater, das für die Aufführungen heimischer Brauchtumsgruppen, Sänger und Musiker genutzt wird.

↻**126** [I6] **Kavernen 1595,** Gstättengasse 27–29, Tel. 8969, www.kavernen.at.

Event-Location im Mönchsberg, v. a. Alternatives im Rahmen der Veranstaltung „Sommerszene" (www.sommerszene.net).

●**209 Odeion Kulturforum Salzburg,** Waldorfstr. 13, Tel. 660330, www.odeion.at. Förderung junger Talente und Künstler aus aller Welt, z. B. Konzertreihe „Contemporary only".

⊘**127** [G1] **Salzburgarena,** Am Messezentrum 1, www.salzburgarena.at, Tel. 8969. In der Arena finden Konzerte internationaler Stars und Musikgruppen statt.

❯ **Gusswerk** (s. S. 28)

Konzerte und andere Aufführungen

❯ **5-Uhr-Konzerte,** im Hof der Erzabtei St. Peter ❸ (Michael-Haydn-Museum), Tel. 847619, www.5-uhr-konzerte.com, Anf. Juli–Ende Sept. tgl. außer Mi. 17 Uhr, 60 Min., 15 bzw. 12 € mit Salzburg Card. Vor allem Stücke von Mozart und Michael Haydn.

❯ **Dommusik,** Kapitelplatz 3/2, Tel. 80472345, www.kirchen.net/ dommusik. „Orgel zu Mittag" und Konzerte im Dom ❺.

❯ **Hellbrunner Schlosskonzerte,** www.agenturorpheus.at. In den Sommermonaten Konzerte in der schönen Kulisse von Schloss Hellbrunn ㉘.

❯ **Jedermann,** Festung Hohensalzburg ❶ (Burghof), Tel. 5010660, www.jedermann.at, Aufführungen im Juli und Aug., bei schlechtem Wetter im Stieglkeller (s. S. 26). Vorsicht: Es handelt sich hierbei nicht um das weltberühmte Original, das während der Festspielwochen auf dem Domplatz aufgeführt wird.

❯ **Mozart Dinner Concerts,** Stiftskeller St. Peter ❸, Tel. 828695, www.mozartdinnerconcert.com. Kerzenlichtkonzerte mit kostümierten Musikern und dreigängigem Mozart-Dinner nach alten Rezepten (48 € ohne Getränke). Mai–Sept. außerdem Fr. **Mozart-Matineen** (ab 11.30 Uhr), Infos: www.lunchconcerts.at.

020sb Abb.: ts

❯ **Mozart Klaviersonaten,** Romanischer Saal St. Peter ❸ , Tel. 875161, www.agenturorpheus.at, Fr./Sa. 19–19.45 Uhr

❯ **Mozart Requiem,** Kollegienkirche ⓬ , Universitätsplatz 1, Tel. 8286950, www. mozartrequiem.at, Anfang April–Mitte Okt. jeden Sa. 18 Uhr (freie Platzwahl)

❯ **Mozarteum Salzburg** (s. S. 31), Schwarzstr. 26, Tel. 873154, www.mozarteum. at, Konzertsaison Okt.–Juni. Orchester- und Kammermusikkonzerte, Serie „Junge Künstler", Internationale Sommerakademie und Camerata Salzburg (Kartenbüro im Mozart-Wohnhaus ㉑).

❯ **Mozart Symphonie Konzerte,** Ende März–Ende Okt. jeden Sa. Symphoniekonzerte des Amadeus Orchesters Salzburg, u. a. Opernouvertüren, Solisten und Symphonien auf verschiedenen Bühnen (www.amadeusorchester.com).

❯ **Salzburger Festungskonzerte,** Tel. 825858, www.mozartfestival.at. Ganzjährig Kammerkonzerte auf der Festung ❶ (31/38 €), auch mit Abendessen.

❯ **Salzburger Klassik – Musik im Salzburger Barockmuseum** ⓴ , Mirabellplatz 3, Tel. 0650 5009150, www.salzburger-klassik.com. Mehrmals wöchentlich um 17 Uhr Konzerte für 25 € (20 % Rabatt mit Salzburg Card).

❯ **Salzburger Schlosskonzerte,** Mirabellplatz, Theatergasse 2, Tel. 848586, www. salzburger-schlosskonzerte.at. Mehrmals wöchentlich Auftritte bekannter Künstler im Marmorsaal von Schloss Mirabell ⓳ , teilweise mit Dinner, außerdem Matineen.

❯ **Sound of Salzburg Dinner Show,** Sternbräu-Komplex (s. S. 26), Griesgasse 23, www.soundofsalzburgshow.com, Tel. 826617, Mai–Okt. tgl. Dinner und Show (46 €) oder nur Show (32 €), ermäßigt mit Salzburg Card (s. S. 100).

▲ *Kammerkonzerte auf der Festung stehen ganzjährig auf dem Programm*

SALZBURG FÜR KUNST- UND MUSEUMSFREUNDE

Mozart, Festspiele, klassische Konzerte – Salzburg ist zwar einerseits eine Festspielstadt und lebt für die (klassische) Musik, andererseits liegen in der Mozartstadt eine Reihe hochinteressanter Museen, von historischen bis hin zu Sammlungen zeitgenössischer Kunst, und architektonischer Perlen. Außerdem verfügt die Stadt über zahlreiche Galerien.

MUSEEN

Sieben der wichtigsten Museen der Stadt sind zusammengefasst zum Salzburg Museum: Spielzeug und Historische Musikinstrumente Museum, Salzburg und Panorama Museum, Festungsmuseum, Volkskunde Museum und Domgrabungsmuseum (www.salzburgmuseum.at). Daneben gibt es eine Reihe weiterer interessanter Ausstellungen, die nicht zum städtischen Verbund gehören, aber ebenso lohnen – zumal sich unter ihnen einige der bedeutendsten und meistbesuchten der Stadt befinden wie das MdM auf dem Mönchsberg mit über 77.000 Besuchern jährlich.

🏛**129** [J7] **Domgrabungsmuseum,** Residenzplatz (Dombögen), www.salzburgmuseum.at, Juli/August:

Museen, die mit einer magentafarbenen Nummer (❺) als Hauptsehenswürdigkeit ausgewiesen sind, werden im Kapitel „Salzburg entdecken" ausführlich beschrieben. Dort finden sich auch alle praktischen Informationen wie Adresse, Öffnungszeiten usw.

tgl. 9–17 Uhr, 2,50 €. Im Mittelpunkt stehen die Ausgrabungen des mittelalterlichen Doms und römische Gebäudereste unterhalb des heutigen Kirchenbaus.

❺ [K7] **Dommuseum.** Kunstschätze aus dem Dom und der Erzdiözese Salzburg vom Mittelalter bis zur Gegenwart, außerdem fürstbischöfliche Kunst- und Wunderkammer. Von oben außergewöhnlicher Blick in den Dom hinein. Auch interessante Wechselausstellungen und Kunstprojekt in der Chorkrypta.

❶ [K8] **Festung Hohensalzburg.** Das Areal umfasst die beeindruckende Festung selbst (Burg aus dem 11. Jh., www.salzburg-burgen.at), das **Festungsmuseum** (www.salzburgmuseum.at) – Burggeschichte, Waffen, Wohnen und Alltag auf der Burg – sowie die **Welt der Marionetten** (www.mozartfestival.at) und das **Rainer-Regiments-Museum** (Infos über das legendäre Salzburger Hausregiment von Erzherzog Rainer von 1682). Die Festung ist erreichbar mit der ältesten Standseilbahn Österreichs um 1892 (Festungsgasse 4, tgl. 9–mind. 17 Uhr, www.festungsbahn.at). Verschiedene Veranstaltungen wie Georgiritt Ende April, Nachtführungen, Kunstausstellungen, Jedermann-Aufführungen, Adventsmarkt und Festungskonzerte.

🏛**130** [K7] **Georg Trakl Forschungs- und Gedenkstätte,** Waagplatz 1 a, www.kulturvereinigung.com, Führungen Mo.–Fr. 11/14 Uhr, 3 €. Hier finden Interessierte Briefe und Dokumente aus dem

EXTRATIPP

Lange Nacht der Museen
Jedes Jahr Anfang Oktober findet die „ORF Lange Nacht der Museen" in ganz Österreich und damit auch in Salzburg statt. Alle Museen sind dann von 18–1 Uhr geöffnet. Am „Treffpunkt Museum" am Max-Reinhardt-Platz [J7] gibt es die nötigen Tickets (13 €).
❯ www.langenacht.at

Leben des expressionistischen Dichters Georg Trakl.

㉗ [C8] **Hangar 7.** Interessante Sammlung historischer Flugzeuge und Fahrzeuge aus dem Besitz des Red-Bull-Chefs Mateschitz in gelungener Architektur.

⑱ [I6] **Haus der Natur.** Naturkundemuseum mit neuem Science Center, Aquarium, Reptilienzoo, Saurierhalle, Weltraumhalle, Mineraliensammlung und Ausstellungen wie „Reise durch den menschlichen Körper", „Lebensader Salzach" oder „Welt des Meeres".

131 [I7] **Historische Musikinstrumente Museum,** Bürgerspitalgasse 2, www.salzburgmuseum.at, Di.–So. 9–17 Uhr, Juli/Aug./Dez. tgl. 9–17 Uhr, 3 €. Wie das Spielzeug Museum befindet sich die Ausstellung historischer Musikinstrumente aus vier Jahrhunderten im historischen Bürgerspital. Wertvolle Instrumente, Hörbeispiele, zugehöriger CD-Shop.

132 [J7] **Katakomben im Mönchsberg,** St. Peter Bezirk – Petersfriedhof, Mai–Sept. Di.–So. 10.30–17 Uhr, sonst 10.30–15.30 und Fr./Sa. 10.30–16 Uhr, 1 €. Katakomben frühchristlichen Ursprungs am Fuße der Festung Hohensalzburg.

133 [J7] **Michael-Haydn-Museum,** St.-Peter-Hof, www.5-uhr-konzerte.com, Mai–Juni und Ende Sept.–Ende Okt. Do.–Di. 14–17 Uhr, 1. Juli–Ende Sept. Do.–Di. 12.30–17 Uhr und nach dem 5-Uhr-Konzert (s. S. 31). Das Museum beherbergt alles Wissenswerte zum Komponisten Johann Michael Haydn (1737–1806) mit 20-minütiger Tonbildschau.

⑪ [J7] **Mozarts Geburtshaus,** Getreidegasse 9, www.mozarteum.at, tgl. 9–17.30, Juli/Aug. –19.30 Uhr, 7 €. Hier wurde W.A. Mozart am 27.1.1756 geboren. Wohnung mit Dokumenten und Bildern der Familie.

㉑ [J6] **Mozarts Wohnhaus.** Wohnung der Familie Mozart, in der das Genie von 1773 bis 1780 lebte. In den historischen Gemächern sind Objekte über die Familie ausgestellt, das Haus ist aber auch für sich sehenswert und beherbergt außerdem eine Ton- und Filmsammlung.

134 [J7] **Multimedia Wax Museum,** Getreidegasse 7, www.miracleswaxmuseum.com, tgl. 9–18 Uhr, 9 €. Multimediales Wachsfigurenmuseum neben Mozarts Geburtshaus. Auf den Spuren des Komponisten bewegt man sich in 90 Minuten durch die Stadtgeschichte.

⑰ [I6] **Museum der Moderne (MdM),** auf dem Mönchsberg, außerdem

⑭ [J7] **Museum der Moderne im Rupertinum.** Moderne und zeitgenössische Kunst in Dauerausstellung und dazu interessante Wechselausstellungen. Schöne Shops zugehörig, außerdem empfehlenswerte Lokale (Spoon, m32). Jeweils Mi. 18.30 Uhr kostenlose Museumsführung.

135 [K7] **Panorama Museum,** Residenzplatz 9 (Eingang Postamt), www.salzburgmuseum.at, tgl. 9–17, Do. 9–20 Uhr (letzter Einlass 30 Min. vorher), 2 €, mit Salzburg Museum 8 € bzw. So. und Di. 6 €. Das riesige Panoramagemälde von J. M. Sattler zeigt die Stadt Salzburg, außerdem Landschafts- und Stadtansichten der Welt im 19. Jh.

⑥ [J7] **Residenz – Prunkräume.** Ein Gang durch die prächtigen Gemächer der Salzburger Fürstbischöfe mit Audioführung ist jedem zu empfehlen.

⑥ [J7] **Residenzgalerie.** Herausragende europäische Malerei des 16. bis 19. Jh. ist in edlem Ambiente ausgestellt, Wechselausstellungen.

⑳ [J5] **Salzburger Barockmuseum.** Europäische Barockkunst des 17. und 18. Jahrhunderts, ausgestellt in der Orangerie des Mirabellgartens.

❼ [K7] **Salzburg Museum.** Neues Museum zur Geschichte, Kunst und Kultur Salzburgs, außerdem in der Kunsthalle Wechselausstellungen, Kinder-Welt und Anmeldung zur Glockenspiel-

Besichtigung (Mai–Okt. Do. 17.30/Fr. 10.30 Uhr, Glockenspiel bis Sommer 2010 wegen Restaurierung geschlossen).

16 [I7] **Spielzeug Museum,** Bürgerspitalgasse 2, www.salzburgmuseum.at, 3 €, Di.–So. 9–17, im Juli, Aug. und Dez. tgl. 9–17 Uhr. Größte Spielzeugsammlung Österreichs – Teddys und Eisenbahnen, Puppenhäuser und Spiele –, die das Herz kleiner und großer Kinder höher schlagen lässt. Zudem finden regelmäßig interessante Sonderausstellungen statt. Angeschlossen ist das Historische Musikinstrumente Museum.

136 [J7] **Stefan Zweig Centre,** Mönchsberg 3 (via Stiege neben der Felsenreitschule), Mo./Mi.–Fr. 14–16 Uhr, 4 €, www.stefan-zweig-centre-salzburg.at. Universitäres Forschungszentrum zu Stefan Zweig mit Ausstellung.

26 [E8] **Stiegl-Brauwelt.** Sehenswertes, großes Biermuseum, in dem außerdem Kunstausstellungen stattfinden. Angeschlossen ist eine Wirtschaft mit Biergarten und Shop.

137 Volkskunde Museum, im Monatsschlössl in Hellbrunn, www.salzburgmuseum.at, Apr.–Okt. tgl. 10–17.30 Uhr, 2,50 €. Kleines, aber nettes Museum zu Volkskunst und Brauchtum in der Region. Hier lernt man Salzburger Volkskultur in allen Variationen kennen.

GALERIEN

In der Altstadt stößt man unweigerlich auf Galerien, konzentriert in der Wiener-Philharmoniker- und der S.-Hafner-Gasse. Mai bis Ende August finden an jedem zweiten Wochenende außerdem die **Salzachgalerien** statt: einzelne Stände entlang dem Franz-Josef-Kai [I5/6] zwischen Makartsteg und Müllnersteg (Tel. 06212 4177, www.salzachgalerien.com).

▲ *Besonders sehenswert im Haus der Natur: das Science Center*

🎨138 [J7] **Galerie 5020**, Sigmund-Haffner-Gasse 12, 1. Stock, www.galerie5020.at. Experimentelle Kunst, Architekturprojekte usw.

🎨139 [J7] **Galerie Gerlich**, Sigmund-Haffner-Gasse 6. Moderne und zeitgenössische Kunst.

🎨140 [J5] **Galerie Thaddaeus Ropac**, Mirabellplatz 21, www.ropac.net. Moderne Kunst auch internationaler Künstler.

🎨141 [J7] **Galerie Welz**, Sigmund-Haffner-Gasse 16, www.galerie-welz.at. Moderne Kunst, Plastiken und grafische Arbeiten.

🎨142 [K7] **Hypo Galerie**, im Romanischen Keller am Waagplatz. Die Bank hat eine Ausstellungs- und Veranstaltungsfläche für moderne Künstler eingerichtet.

🎨143 [L7] **Salzburger Kunstverein**, Künstlerhaus, Hellbrunnerstr. 3, www.salzburger-kunstverein.at. Wechselnde (Verkaufs-)Ausstellungen lokaler Künstler.

SALZBURG ZUM TRÄUMEN UND ENTSPANNEN

Salzburgs enge Gassen sind stets geschäftig. Besucher schieben sich von einer Attraktion zur anderen, von einem Laden zum nächsten. Nur gut, dass die Stadt abseits der Altstadtgassen auch einige Orte der Entspannung zu bieten hat.

Der schönste Platz, um Hektik und Menschenmengen kurz zu vergessen, ist der **Mönchsberg** 🔴 hoch über der Altstadt. Auf dem Hügelkamm kann man nicht nur bequem spazieren – er heißt nicht ohne Grund „Pensionistengletscher" –, es finden sich auch immer wieder Stellen mit Bänken und grandiosem Blick auf die Stadt. Mit dem Mönchsbergaufzug [I6] ist man schnell zurück im Trubel der Altstadt.

Besonders bei den jungen Salzburgern ist an warmen Sommertagen **das östliche, begrünte Salzachufer** am Elisabethkai [I4/5] beliebt. Hier genießt man die ersten oder letzten Sonnenstrahlen und blickt gelassen auf den Trubel am anderen Ufer und die prächtige Kulisse der Altstadt zu Füßen des Mönchsbergs und der Festung Hohensalzburg.

Von der Linzer Gasse geht es den schmalen Aufstieg auf den **Kapuzinerberg** 🔴 hinauf. Dort führt ein Naturlehrpfad auf der Bergkuppe an Aussichtspunkten vorbei, an denen sich immer wieder malerische Ausblicke von der Nordostseite auf die Stadt, die Festung und den Mönchsberg sowie auf die sich dahinter aufbauende Alpenkette eröffnen.

Der eigentliche Stadtpark der Salzburger liegt im Süden der Stadt. In den ausgedehnten Parkanlagen um das **Schloss Hellbrunn** 🔴 (im Sommer auch Abendöffnung) tummeln sich Alt und Jung. Alternativ spaziert man auf den Hellbrunner Berg, um von dort den Ausblick auf die umliegenden Berge und die Festung Hohensalzburg zu genießen. Für Familien lohnt sich auch ein Besuch im nahe Schloss Hellbrunn gelegenen **Zoo Salzburg** 🔴 in Anif.

AM PULS DER STADT

003sb Abb.: mb

Das Licht, das einen in Salzburg am Morgen weckt, ist nie das gleiche: Manchmal erkennt man im Nebel nicht einmal die Festung, dann wieder gleicht die Stadt einem gestochen scharfen, prächtigen Barockgemälde. In dieser Atmosphäre lebt ein Menschenschlag, der seine Koexistenz mit Touristen und Festspielgästen zur Perfektion getrieben hat. Man liebt sich und man hasst sich – und man verbindet Tradition und Kommerz auf eigene Art.

DAS ANTLITZ DER STADT

„ ... die Stadt, mit der sich an malerischer Schönheit keine andere deutsche Stadt messen kann", schwärmte 1892 der „Baedeker" über Salzburg. Das hat sich inzwischen weltweit herumgesprochen und so pilgern jedes Jahr fast sieben Millionen Gäste aus aller Welt durch das Kleinod an der Salzach.

Schützend thront die Festung Hohensalzburg ❶ über der Stadt. Ihr zu Füßen drängen sich die prächtigen Bauten der barocken Kirchenstadt ins Blickfeld, während sich in den Gassen der Altstadt der historische Baubestand beinahe bescheiden zusammenduckt. Für das **überall**

◀ *Vorseite: Von der Festung* ❶ *bieten sich ungewöhnliche Ausblicke auf Salzburg*

▶ *Statue des Stadtgründers Bischof Rupert im Hof des Stifts St. Peter* ❸

präsente italienische Flair sind in erster Linie die zahlreichen Repräsentations- und Kirchenbauten aus Renaissance und Barock verantwortlich. Angefangen hat damit Erzbischof Wolf Dietrich von Raitenau (1559–1617) um 1600. Doch auch seine Nachfolger ließen sich nicht lumpen und so war es möglich, dass schon 1699 der italienische Baumeister Caspar Zucalli Salzburg als das **„Rom des Nordens"** rühmte.

Der Name der Stadt leitet sich vom **„weißen Gold" des Alpenvorlands,** dem **Salz,** ab. Durch jahrhundertelangen Handel damit und dank der verkehrsgünstigen Lage am Nordrand der Alpen, am Schnittpunkt alter europäischer Handelswege, gelangte die Stadt an der Salzach zu Ansehen und Wohlstand. Dies manifestierte sich nicht nur in den prunkvollen Repräsentativbauten der Erzbischöfe und der Kirche, sondern vor allem in den Bürgerhäusern der Altstadt, speziell um Linzer- und Getreidegasse. Die **Altstadt** wurde 1997 in die **UNESCO-Liste des Weltkulturerbes** aufgenommen. Die **Salzach,** von Süden aus den Kitzbüheler Alpen kommend, teilt die Altstadt in zwei Hälften, wobei das linke Salzachufer den alten Stadtkern mit Siedlungsresten aus der Römerzeit birgt.

Trotz der im Zweiten Weltkrieg erlittenen Schäden – die komplette Zerstörung verhinderte Oberst Hans Lepperdinger, der am 4. Mai 1945 entgegen höherer Befehle die Stadt kampflos den Amerikanern übergab – konnte sich Salzburg sein **unverwechselbares Bauensemble** bewahren. Repräsentationsbauten, Kirchen und historische Wohnhäuser bilden eine Einheit und diese lässt die Stadt wiederum zum einmaligen Gesamtkunstwerk werden.

VON DEN ANFÄNGEN BIS ZUR GEGENWART

Auf die **Steinzeit zwischen 60.000 und 30.000 v. Chr.** verweisen Reste von Höhlensiedlungen im Umfeld der Stadt. Zahlreiche Funde aus der jüngeren Steinzeit (4000–1900 v. Chr.) finden sich u. a. auf dem Kapuziner- und Mönchsberg.

um 500 v. Chr. Einsetzende Besiedelung durch die Kelten, die als erste mit dem Salzabbau beginnen und ein Handelszentrum gründen.

Ende des 1. Jh. v. Chr. Das keltische Siedlungsgebiet wird als „Provinz Noricum" Teil des Römischen Reichs.

45 n. Chr. Der römische Kaiser Claudius ernennt die Siedlung am Fuße des Nonnbergs als „Municipium Claudium Juvavum" zur Stadt. Diese blüht als Handels- und Verwaltungszentrum auf, bis sie nach dem Niedergang des Weströmischen Reichs im späten 5. Jh. aufgegeben wird.

696 Bischof Rupert, auch als „Apostel Bayerns" bekannt und zugleich Bischof von Worms, erhält das Salzburger Gebiet mit den Resten der Römerstadt von Bayernherzog Theodor II. geschenkt, um es zu „missionieren". Rupert belebt das Kloster St. Peter ❸ wieder, das nach neuesten Funden schon unter dem heiligen Severin, dem ersten großen christlichen Missionar der Region, im 5. Jh. existiert haben soll. Rupert ruft auch das Benediktinen-Frauenstift Nonnberg ins Leben und gilt damit als Gründer von Salzburg, damals noch Teil des Herzogtums Bayern.

793 Salzburg wird zum Bistum, **798** zum Erzbistum ernannt, weitere Klöster- und Stiftsgründungen folgen. Arno (795–821) fungiert als 1. Erzbischof und treibt von hier aus die Missionierung der Alpenländer voran. In der Folge wächst das Salzburger Land durch Schenkungen bayerischer Herzoge und deutscher Könige.

996 Von Kaiser Otto III. bekommt Salzburg Markt-, Zoll- und Münzrecht zugesprochen.

1077 Baubeginn der Festung Hohensalzburg während des Investiturstreits – es geht um die Amtseinsetzung von Geistlichen, im Allgemeinen um die Frage des Verhältnisses von weltlicher (Kaiser, Fürsten) und klerikaler Macht (Papst, Bischöfe) – zwischen Kaiser Heinrich IV. und Papst Gregor VII. Der Salzburger Erzbischof Gebhard steht auf der Seite des Papstes.

1167 Kaiser Friedrich I. Barbarossa verhängt während des Machtkampfs zwischen ihm und Papst Alexander III. die Reichsacht über die Stadt und zerstört Teile Salzburgs. 1169 unterstellt er Salzburg der kaiserlichen Verwaltung.

02sb Abb.: mb

Mitte 13. Jh. Befestigung der Stadt und Erlass einer Ratsverfassung

1328 Salzburg wird als eigenständiger Staat Teil des Heiligen Römischen Reichs.

1348–49 Während einer Pestepedemie stirbt ein Drittel der Salzburger Bevölkerung.

1481 Kaiser Friedrich III. sichert der Stadt gleiche Rechte wie einer freien Reichsstadt zu.

1511 Erzbischof Leonard von Keutschach zwingt die Ratsherren dazu, auf ihre Selbstverwaltungsrechte zu verzichten, indem er sie bei einem Festmahl verhaften lässt. Erst nach der Zahlung von Lösegeld und der Abgabe einer Verzichtserklärung kommen sie wieder frei.

1524 Paracelsus lässt sich als Arzt in Salzburg nieder.

1525/26 Ein Bauernaufstand scheitert an der Uneinnehmbarkeit der erzbischöflichen Festung Hohensalzburg.

1587–1612 Erzbischof Wolf Dietrich von Raitenau (1559–1617) forciert eine Neuanlage der Stadt im Renaissancestil. Auch seine Nachfolger Markus Sittikus von Hohenems (1612–19) und Paris Lodron (1614–53) setzen den prächtigen Ausbau der Stadt zum „Rom des Nordens" fort. Lodron engagiert sich auch für den Ausbau der Festungsanlagen (1620–44). Zudem ist es seiner Neutralität zu verdanken, dass die Stadt von den Auswirkungen des Dreißigjährigen Krieges verschont bleibt.

Obwohl viele Salzburger dem Protestantismus nahe stehen, wird die Stadt zu einem Zentrum der Gegenreformation und **um 1588** verwies man die meisten Protestanten des Landes.

Um 1600 Dank des Salzhandels und des Bergbaus gehört das Fürsterzbistum Salzburg zu den reichsten Fürstentümern im Deutschen Reich.

1622/23 Gründung der Universität

1687–1709 Unter Johann Ernst Graf von Thun und seinem Baumeister Johann Bernhard Fischer von Erlach wird die Stadt im prächtig-barocken Stil ausgebaut.

1731/32 Weitere protestantische „Salzburger Exulanten" werden des Landes verwiesen und finden teils in Preußen, teils unter Führung des Augsburger Pastors Samuel Urlsberger in den USA eine neue Heimat (Ebenezer, bei Savannah/ Georgia). Viele Flüchtlinge überleben die Strapazen der Flucht nicht.

27.1.1756 Geburt Wolfgang A. Mozarts

1800 Hieronymus Colloredo von Wallsee und Mels, der letzte Erzbischof der Stadt, sucht vor den anrückenden Franzosen unter Napoleon mit der Staatskasse in Wien Unterschlupf.

1803 Nach der Säkularisierung fungiert Großherzog Ferdinand III. von Toskana als erster weltlicher Kurfürst von Salzburg.

1805 wird Salzburg mit Berchtesgaden dem neuen Kaiserreich Österreich zugesprochen.

1810 Wiederangliederung Salzburgs an Bayern

1816 Salzburg wird im Zuge der Neuordnung Europas beim Wiener Kongress endgültig Österreich zugewiesen. Die Stadt versinkt daraufhin in der Bedeutungslosigkeit. Ab den 1820er-Jahren erwacht die Stadt aufgrund archäologischer Funde und einer neu aufkommende Mozartbegeisterung zu neuem Leben.

1842 Das erste Mozartfest wird gefeiert.

1860/61 Die Festungsanlagen werden geschliffen und die Festung aufgegeben.

1860 Die Eröffnung der Kaiserin-Elisabeth-Bahn (Westbahn), die Salzburg mit Wien und München verbindet, bringt einen neuen Aufschwung: Man entdeckt die malerische Stadt als Erholungsort.

1880 Gründung des Mozarteums

1907 Erstmals finden die Osterfestspiele statt.

1917 Hugo von Hofmannsthal, Max Reinhardt, Richard Strauss und andere gründen die erste Salzburger Festspielgemeinde.

1920 Erste Aufführung des Hofmannsthal-Stücks „Jedermann"

◀ *Zeitgenössisches Porträt von Wolfgang Amadeus Mozart ...*

◀ *... und eine moderne Interpretation auf dem Ursulinenplatz [16] (von Markus Lüpertz)*

1944/45 Bombenangriffe auf die Stadt, ehe sie am 4. Mai 1945 von Oberst Hans Lepperdinger kampflos den Amerikanern übergeben und so eine totale Zerstörung verhindert wird.

1956 Anlässlich Mozarts 200. Geburtstag finden die ersten Mozartfestspiele statt.

1962 Der Universitätsbetrieb wird wieder aufgenommen.

1997 Die Altstadt von Salzburg kommt als Weltkulturerbe auf die UNESCO-Liste.

3. März 2003 Eröffnung eines neuen Fußballstadions im Salzburger Vorort Wals-Siezenheim.

2004 Gabi Burgstaller wird zur ersten Landeshauptfrau gewählt.

2006 Festjahr anlässlich des 250. Geburtstags von Wolfgang Amadeus Mozart.

2008 Während der Fußball-Europameisterschaft ist Salzburg Austragungsort von drei Spielen.

2010 soll das S-Bahn-Netz der Stadt mit ihren fünf Linien fertig ausgebaut sein. Seit 2009 ist außerdem der Umbau und die Modernisierung des Hauptbahnhofs im Gang.

LEBEN IN DER STADT

Das enge und scheinbar untrennbare Nebeneinander von Alt-Salzburgern, Touristen und Festspielbesuchern macht einen Teil des Phänomens Salzburg aus. Zudem haben diese besonderen Gegebenheiten auch den ganz speziellen Charakter der Salzburger mitgeprägt.

Genau genommen gibt es **zwei Welten:** Einerseits die der Touristen und Festspielbesucher, andererseits diejenige der Altstadtbewohner. Man sieht sich, ignoriert sich, lebt nebeneinander und begegnet sich kaum. So haben die Salzburger im Sommer ihre liebe Not, sich den Weg durch

025sb Abb.: mb

LITERATURSTADT SALZBURG

*Salzburg ist nicht nur die Stadt Mozarts und der Musik, sondern spielte auch in der Literatur schon immer eine besondere Rolle. Beleg für die auch heute noch **lebendige Literaturszene** sind Kultureinrichtungen wie das Literaturhaus Salzburg im Eizenbergerhof. Während der Salzburger Festspiele ist zudem alljährlich ein „Dichter zu Gast". Zahlreiche bedeutende Dichter stammen aus Salzburg oder lebten hier, nachfolgend eine prominente Auswahl:*

> **Hugo von Hofmannsthal** *(1874 Wien – 1929 Rodaun bei Wien). In Salzburg traf sich der Dichter und Schriftsteller mit Richard Strauss und Max Reinhardt, ab 1918 war er aktiv an der Gründung der Festspiele (s. S. 72) beteiligt. 1920 gab die Aufführung seines bekanntesten Stücks, „Jedermann" (erstmals 1911 in Berlin aufgeführt), den Startschuss, seit 1926 gehört „Das Spiel vom Sterben des reichen Mannes" zum ständigen Programm der Festspiele.*

> **Georg Trakl** *(1887–1914), in Salzburg geborener Lyriker des Expressionismus. Er stammte aus dem gehobenen Bürgertum und wurde von einer französischen Gouvernante aufgezogen. Ab 1906 entstanden erste Theaterstücke (Einakter), die erfolglos in Salzburg aufgeführt wurden, ab 1908 schrieb er Gedichte. 1910 erlangte er den Titel „Magister der Pharmazie", um dann in den Militärdienst einzutreten. Depression und Drogen ließen schwermütige Lyrik entstehen. Ab dem Jahr 1911 leb-*

die Jahr für Jahr wachsenden Menschenmengen zu bahnen, die die engen Altstadtgassen bevölkern. Es wäre vermessen zu behaupten, dass die Salzburger selbst dort nur alteingesessene Geschäfte und Lokale besuchen und den Traditionen frönen würden. Auch sie wissen die wachsende Vielfalt an internationalen Ladenketten zu schätzen und gehen dort einkaufen.

„Bayerisch geprägt, italienisch im Antlitz, österreichisch im Wesen und doch so ganz anders", hieß es einmal in einem Bericht im Bayerischen Rundfunk über die Salzburger und

▲ *Sein und Schein liegen in Salzburg dicht beieinander*

te er in Innsbruck, diente im Ersten Weltkrieg als Militärapotheker und nahm sich schließlich das Leben. Die Georg-Trakl-Gedenkstätte (s. S. 33) am Salzburger Waagplatz erinnert an den berühmten Expressionisten.

▶ **Stefan Zweig** (1881-1942). Neben Thomas Mann besuchten viele andere Künstler und Schriftstellerkollegen Zweig Anfang der 1920er-Jahre in seinem Haus in Salzburg, Kapuzinerberg 5, auch „Villa Europa" genannt. Mehr über ihn erfährt man im neuen Stefan Zweig Centre (s. S. 35).

▶ **Carl Zuckmayr** (1896-1977) war 1933, nach der Machtergreifung Hitlers, endgültig in sein Haus in Henndorf am Wallersee bei Salzburg umgesiedelt. Er und seine Frau betrieben dort ein „Künstlerhaus" namens „Henndorfer Kreis", zu diesem gehörten auch von Horváth, Zweig u. a. 1938 siedelte Zuckmayr erst in die Schweiz, später in die USA um.

▶ **Thomas Bernhard** (1931-1989) gehört zu den bedeutendsten deutschsprachigen Autoren des 20. Jh. In den Niederlanden als Sohn eines ledigen Dienstmädchens aus Wien geboren, lebte Bernhard zwischen 1943 und 1965 meist im salzburgisch-südbayerischen Raum, ehe er sich in Ohlsdorf/Gmunden (Oberösterreich) niederließ. „Mit mir und Salzburg ist alles in Beziehung", sagte er einmal, „aber es kann natürlich nur eine Haßliebe sein." Dies beruhte auf Gegenseitigkeit, so auch bei den Festspielen, wo er das eine Mal umjubelt wurde und das andere Mal einen Skandal verursachte. Bernhard provozierte die Salzburger ständig, dennoch wurden insgesamt fünf seiner Stücke im Rahmen der Festspiele zwischen 1974 und 1986 uraufgeführt.

❯ **Peter Handke** (*1942) kam als bekannter Schriftsteller 1979 nach Salzburg und lebte dort bis 1988. In dem Band „Am Felsfenster morgens" (1998) sind Notizen und Reflexionen aus den Salzburger Jahren 1982-1987 festgehalten. Die Salzburger Festspiele brachten die Uraufführung seines dramatischen Gedichts „Über die Dörfer" (1982) ebenso wie seine Aischylos-Bearbeitung „Prometheus gefesselt" (1986). Salzburg kommt auch in dem 1997 erschienenen Roman „In einer dunklen Nacht ging ich aus meinem stillen Haus" vor. Die handgeschriebenen Manuskripte der meisten Handke-Texte befinden sich im Salzburger Literaturarchiv. Am 18. Juni 2003 erhielt Handke das Ehrendoktorat der Uni Salzburg.

❯ **Wolf Haas** (*1960), 1970-78 Internatsschüler in Salzburg, anschließend Studium der Linguistik/Germanistik. Später als Werbe- und Radiotexter in Wien tätig und bekannt geworden ab 1996 durch seine Brenner-Krimis, die teils auch verfilmt wurden. Die bitterböse Verfilmung von „Silentium" spielt beispielsweise in Salzburg (mit Josef Hader als Ermittler Simon Brenner).

diese Charakterisierung trifft voll zu. Denn trotz der Überflutung mit Besuchern, mit internationalen Einflüssen, Hektik und Kommerz **lässt sich ein Salzburger nicht so leicht aus der Ruhe bringen.** Er oder sie genießt das Leben und den Schmäh, pflegt Beziehungen und Titel und echauffiert sich über Veränderungen und Neues – um sich dann doch stillschweigend damit abzufinden ...

STADT DER PERSÖNLICHKEITEN

Natürlich kennt jeder den berühmtesten Salzburger, **Wolfgang Amadeus Mozart** (1756–1791). Sein Geburtshaus links der Salzach ⑪ und das spätere Wohnhaus am rechten Ufer ㉑ zählen heute zu den beliebtesten Besucherzielen. Demgegenüber gerät fast in Vergessenheit, dass in der alten Stadt an der Salzach auch andere bekannte Persönlichkeiten zu Hause waren: Dazu gehören **bedeutende Denker und Dichter** wie **Thomas Bernhard** (1931–1989), **Georg Trakl** (1887–1914) oder **Stefan Zweig** (1881–1942). Auch der weltberühmte **Dirigent Herbert von Karajan** (1908–1989) erblickte in Salzburg das Licht der Welt und fühlte sich trotz seiner weltweiten Aktivitäten gerade in seiner Heimatstadt besonders wohl.

Doch nicht nur Dichter, Autoren und Musiker liebten Salzburg. 1524 ließ sich **Paracelsus** (1493–1541), der eigentlich Theophrastus Aureolus Bombastus von Hohenheim hieß, hier nieder. Er galt als bedeutender Arzt, Alchemist, Astrologe, Mystiker, Theologe und Philosoph, war jedoch auch politisch aktiv, weshalb er nach dem gescheiterten Baueraufstand 1526 Salzburg fluchtartig verließ. 1541 zurückgekehrt, starb er hier und wurde auf dem Sebastiansfriedhof beigesetzt.

Zu den schillernden Personen, die mit Salzburg eng verbunden sind, gehört auch **Otto I.** (1815–1867), der erste König des freien Griechenlands. Der Spross aus dem bayerischen Haus der Wittelsbacher erblickte im Schloss Mirabell ⑲ das Licht der Welt.

Von dem Phänomen, dass sich eine Frequenz von Wellen mit der Entfernung verändert, hat wohl jeder schon einmal in der Schule gehört. Diese Erkenntnis, „Doppler-Effekt" genannt, geht auf den Mathematiker und Physiker **Christian Doppler** (1803–1853) zurück, der als Sohn einer Steinmetzfamilie in Salzburg geboren wurde. Er wuchs hier auf, studierte in Salzburg und Wien und wurde Professor in Prag und Wien (s. S. 76).

Zu den modernen Persönlichkeiten aus der Stadt gehört neben dem renommierten Schauspieler **Harald Krassnitzer** (*1960), u. a. durch den „Tatort" bekannt geworden, auch der Chef der Red Bull GmbH, **Dietrich Mateschitz** (*1944). Er stammt zwar aus der Steiermark, ist jedoch seit Langem mit seiner Firma in Fuschl am See bei Salzburg zu Hause und dank zahlreicher Spenden und lebhaftem Engagement in der Stadt allgegenwärtig und wirtschaftlich gesehen bedeutsam. Er hat mit dem antialkoholischen Energiegetränk „Red Bull" und Nachfolgekreationen wie „Carpe Diem" ein Milliardenvermögen gemacht und dieses zum Teil in das lokale Fußballteam, in ausgezeichnete Restaurants, die Paracelsus Medizinische Privatuniversität und den Hangar 7 ㉗ investiert. An seinem Markenzeichen, dem roten Bullen, kommt man in Salzburg kaum vorbei.

LAND IM GEBIRGE

Auch wenn es nicht offensichtlich ist: Salzburg ist **ein Land mitten im Gebirge.** Rund 60 % des Landes Salzburg liegen über 1200 m hoch, die Altstadt selbst etwa 420 m. Das Bundesland Salzburg breitet sich vom Salzburger Alpenvorland im Norden über die zentral gelegene Stadt im Salzburger Becken und das seenreiche Salzkammergut bis zu den nördlichen Kalkalpen im Süden aus. Hauptstrom ist die **Salzach,** die in den Kitzbüheler Alpen entspringt und mit 225 km Länge der längste Nebenfluss des Inn ist.

Die Stadt dehnt sich mit ihren knapp 66 km² Fläche im **Salzburger Becken** aus. Dieses besteht aus dem breiten unteren Salzachtal, das während der letzten Eiszeit durch das Abschmelzen eines riesigen Gletschers entstanden ist. Die Mulde wurde im Laufe der Zeit durch von der Salzach angeschwemmmten Sand und Gestein langsam wieder aufgefüllt. Salzburg breitet sich beidseitig des Flusses aus und wird durch **mehrere Hügel** begrenzt.

Im Süden erstreckt sich der **Mönchsberg** mit der Festung Hohensalzburg ❶ und dem MdM ❶❼, ein Ausläufer davon ist der Rainberg im Südwesten. Nordöstlich, auf dem rechten Salzachufer, reicht der **Kapuzinerberg** fast bis an den Fluss heran. Weiter im Osten erhebt sich der über 700 m hohe Kühberg, im Süden sind es die niedrigeren Hellbrunner Berg und Morzger Hügel, während im Westen der Grafenhügel liegt. Zu den höchsten Erhebungen gehören der 1853 m hohe **Untersberg** im Südwesten. 1288 m Höhe erreicht dann der Gaisberg im Osten, während der Plainberg mit der Wallfahrtskirche Maria Plain im Norden nur um die 560 m misst.

An das Becken schließt sich im Nordosten das Hügelland des Flachgaus an, während sich im Norden der Auwald der Salzach ausbreitet. Dieser ist großteils, wie das westlich gelegene Hügelland Högl, schon Teil von Bayern.

TOURISMUS

Mit **rund 6,7 Millionen Besuchern** (2009) aus aller Welt, davon der Großteil Tagesgäste, ist der Tourismus, v. a. dank Mozart, heute das wichtigste wirtschaftliche Standbein. Anteilsmäßig stellen unter den Besuchern die Österreicher selbst mit gut 28 % die Mehrheit, gefolgt von Deutschen (18 %), Asiaten (11 %), Amerikanern (9 %) und Briten (5 %). Die durchschnittliche Aufenthaltsdauer beträgt 1,8 Tage. Untrennbar mit dem Fremdenverkehr verbunden ist die Tatsache, dass über 4000 Musik- und Theaterveranstaltungen Salzburg zum **Ruf einer bedeutenden Konzert- und Festspielstadt** verholfen haben.

Die Stadt Salzburg zählt knapp **150.000 Einwohner (2009).** Lebten Anfang der 1970er-Jahre noch 8000 Menschen in der Altstadt, sollen es heute gerade 1100 sein. Selbst in der Stadtverwaltung scheint man heute in erster Linie an den Tourismus und erst dann an die langjährigen Bewohner im Stadtkern zu denken, die mit Menschenmassen, Bars und überfüllten Restaurants, Schmutz und Lärm zu kämpfen haben. Auch die **Bevölkerungsstruktur** hat einen gravierenden Wandel erlebt: Die meisten Salzburger, v. a. Familien mit Kindern, leben heute in den modernen Vierteln der Peripherie.

Angesichts der Heerscharen an Besuchern wundert es nicht, dass bei den Salzburger Festspielen (und auch

Rossknödelsammler und Bergputzer

Nicht nur in Wien, auch in Salzburg gehören die Fiaker zum Straßenbild der Altstadt. Auf etwa 30 Fahrzeuge kommen gut 60 Pferde und die machen eine ganze Menge Mist: Etwa 20 Schubkarren sollen es pro Tag sein! Um diesen organischen Abfall kümmern sich die „Rossknödelsammler". Sie sind mit ihren Karren den ganzen Tag über in der Stadt unterwegs und sammeln die tierischen Hinterlassenschaften ein.

Ist schon das Aufsammeln der Rossknödel kein sonderlich angenehmer und im dichten Verkehr auch nicht ganz ungefährlicher Beruf, was sollen die erst die Bergputzer sagen? Seit 1669, nachdem ein Felssturz am Mönchsberg ganze Häuser und mehr als 200 Menschen unter sich begrub, kontrollieren sie regelmäßig die Felshänge, seilen sich ab, sammeln loses Gestein ein und halten den Bewuchs in Zaum.

KUNST AUF SCHRITT UND TRITT – MODERNE KUNST IM ALTEN SALZBURG

In einer Stadt, in der die Vergangenheit allgegenwärtig ist und man das Gefühl hat, in einem Freiluftmuseum zu wandeln, wo an jedem historischen Haus quasi ein Schild „Bitte nicht berühren" zu kleben scheint und Tradition großgeschrieben wird, da stechen moderne Akzente ganz besonders ins Auge. Und sie regen zu besonders heftigen und oft emotionalen Diskussionen an.

Egal, ob Garderobiere, Professor oder Rossknödelsammler – was gab es für eine Diskussion um den neuen „Don Giovanni" mit Erwin Schrott als Leporello, der als halbstarker Rapper über die Bühne fegte! „Das hätte es bei Karajan nicht gegeben", war die verbreitete Meinung. Moderne und Salzburg, das scheint auf Anhieb nicht recht zusammenzupassen.

Und doch hat sich in den letzten Jahren schier Unglaubliches getan: Wer mit offenen Augen durch die Altstadt spaziert, wird immer wieder über moderne Kunstwerke an prägnanten Plätzen „stolpern". Seit 2002 bemüht sich nämlich die **Salzburg Foundation** mit von ihr gesponserten zeitgenössischen Kunstprojekten, Salzburg zum Ruf, auch eine moderne Stadt zu sein, zu verhelfen und somit eine Brücke von der Vergangenheit zum 21. Jahrhundert zu schlagen.

Mit großem Engagement ist es der Privatgesellschaft, die eng mit Crédit Suisse Deutschland kooperiert und der Politiker, Geschäftsleute

bei anderen Events) die große Kunst, wie sie einst Herbert von Karajan initiierte, mehr und mehr dem Kommerz und dem Geschmack der breiten Masse gewichen ist. Doch eines ist geblieben: **Sehen und Gesehenwerden** ist weiterhin fester Bestandteil der Festspiele und Salzburgs.

Während also die „bessere Gesellschaft" die oft zwanghaft modernisierten Inszenierungen über sich ergehen lässt, bieten lokale Musiker in Mozartkleidung und historischer Kulisse zum Mozart-Mahl jenen Touristen, die sich keine Karten für die Salzburger Festspiele leisten wollen oder können, „gestellte" Festivalatmosphäre mit „Best of Mozart Light".

und Honoratioren angehören, letztlich auch gelungen, dass die Installationen und Skulpturen im Herzen der Mozartstadt Salzburg **von der Mehrheit der Salzburger positiv – oder zumindest neutral – aufgenommen** werden. Es wird immer konservative Verfechter geben, die kritisieren, das historische Ambiente würde durch die moderne Kunst gestört. Die Frage ist nur: Welches historische Ambiente sollte man konservieren? Das der Renaissancezeit? Die barocke Stadt oder jene aus Mozarts Tagen? Kein Ort bleibt in einer Zeitepoche stecken, jeder entwickelt sich weiter – zum Glück, denn sonst würde es sich um ein Freilichtmuseum handeln.

Die Salzburg Foundation bzw. ein internationales, unabhängiges Kuratorenteam wählt seit 2002 jährlich einen hochkarätigen Künstler aus, der nach Salzburg eingeladen wird, um dort seine Ideen für ein Kunstwerk im öffentlichen Raum zu entwickeln. Innerhalb von zehn Jahren, bis 2012, soll so **ein städtischer Kunst- und Skulpturenpark von höchster Qualität** realisiert werden. Schon jetzt, nach Fertigstellung von acht Werken, kann man das Ziel als erreicht und das Projekt als gelungen bezeichnen. Auf einem Spaziergang durch Salzburg, auch als geführte Tour möglich, kann jeder selbst beurteilen, wie gut die Kunstwerke in das historische Umfeld passen.

Am Anfang des Unternehmens stand im Jahr 2002 **Anselm Kiefers Installation „A.E.I.O.U.".** Der unscheinbare, dafür im historischen Kontext umso auffälligere weiße Betonkubus stand zunächst im Furtwänglergarten der Alten Universität und wurde 2008 einige Meter hinter die Kollegienkirche **⑫**, gegenüber dem Festspielhaus, verrückt. Das

begehbare Kunstwerk birgt in seinem Inneren Kiefers großformatiges Bild mit dem Titel „Wach im Zigeunerlager", ein Regal mit 60 Bleibüchern, aus denen Dornenbüsche herauszuwachsen scheinen, und eine Wandaufschrift, die eine Strophe aus Ingeborg Bachmanns Gedicht „Das Spiel ist aus" zitiert. Der Titel des Kunstwerks, kurz für „Alles Erdreich ist Österreich untertan", bezieht sich auf Kaiser Friedrich III., der damit seine imperialistischen Ansprüche bekundet haben soll.

Der 2003 verstorbene italienische Künstler **Mario Merz** schuf im folgenden Jahr das Werk **„Ziffern im Wald".** Merz wählte den Mönchsberg als Standort und platzierte seine Installation direkt am Panoramaweg nahe dem damals neuen Museum der Moderne **⑰** in einer Senke neben dem alten Wasserturm. Die Arbeit, ein Iglu aus zwölf gebogenen, matt gebürsteten, sieben Meter hohen Edelstahlrohren hat der Künstler mit insgesamt 21 Neonzahlen versehen, die nachts über der Stadt leuchten.

Die Performance- und Videokünstlerin **Marina Abramovic** aus Belgrad präsentierte 2004 als drittes Kunstprojekt **„Spirit of Mozart",** eine interaktive Skulptur am rechten Salzachufer direkt an der Staatsbrücke [J6]. Sie besteht aus einem Ensemble von Stühlen: Im Zentrum steht ein 15 m hoher Stuhl, umgeben von acht „normalen", die auch benutzt werden dürfen.

Die aus Edelstahl gefertigte Installation ist eine Aufforderung an den Betrachter, selbst Teil des Kunstwerks zu werden und bewusst im belebten Stadtraum eine Meditationspause einzulegen – was auch gerne angenommen wird.

Das vierte Kunstprojekt dürfte die heftigsten Diskussionen ausgelöst haben – wie ein Werk namens „Aphrodite" desselben Künstlers in Augsburg, das am Ende wieder entfernt wurde. Der deutsche Maler und Bildhauer **Markus Lüpertz** hat in Salzburg eine ausdrucksvolle **„Hommage an Mozart"** in Gestalt einer 2,95 m hohen, farblich gefassten Bronzefigur konzipiert. Als Aufstellungsort wählte Lüpertz den Ursulinenplatz [I6], begrenzt von der Mönchsbergwand, dem Klausentor und der Salzach. Sein 2005 aufgestellter „Mozart" ist alles andere als eine realistische Figur, es ist vielmehr ein weiblicher Torso mit einem männlichen Kopf mit Zopf. Die Skulptur soll die Zerrissenheit, Genialität und Virtuosität des Musikers ausdrücken.

Der amerikanische Künstler **James Turrell**, international bekannt für seine Lichtinstallationen, hat eigens für die Stadt Salzburg 2006 einen **„SKYSPACE"** auf dem Mönchsberg realisiert. Es handelt sich um einen begehbaren Kunstraum in Form eines elliptischen Zylinders (9,20 x 7,20 x 8,36 m), der entlang der Innenwände Sitzflächen bereit hält und nach oben hin geöffnet ist. Der sichtbare Ausschnitt des Himmels mit seinen Licht- und Farbvariationen wird so zum Bestandteil des Werks. Die äußerlich einem gewöhnlichen Steinturm gleichende Skulptur steht östlich neben dem MdM.

Zu den wohl beliebtesten und gelungensten Kunstprojekten der Salzburg Foundation gehören die beiden 2007 von **Stephan Balkenhol** geschaffenen **Skulpturen „Sphaera"** (Kapitelplatz ❷) **und „Frau im Fels"** (Toscaninihof [J7]). Der deutsche Künstler, der mit bemalten Holzskulpturen Aufsehen erregte, hat langjährige Erfahrungen mit Kunst im öffentlichen Raum und versteht sich auf überraschende Inszenierungen an ungewöhnlichen Orten. Beispielsweise wählte er als Aufstellungsort für seine „Frau im Fels" eine Nische hoch oben in der Felswand des Mönchsbergs direkt neben der Felsenreitschule. Augenfälliger ist auf dem Kapitelplatz zwischen Dom und Kapitelschwemme die „Sphaera", ein auf einer Kugel stehender Mann. Trotz ihrer Größe beherrscht die Skulptur den Platz nicht, sondern tritt optisch gekonnt in Kontakt mit Dom und Festung.

Anthony Craggs „Caldera" wurde 2008 auf dem Makartplatz [J6], nahe Mozarts Wohnhaus ㉑, aufgestellt. Cragg, geboren in Liverpool und in Wuppertal lebend, gehört zweifellos zu den bedeutendsten Bildhauern unserer Zeit. Sein für Salzburg erschaffenes Werk „Caldera" – geologisch für „Krater", hier wohl eher als eruptierender Vulkan zu deuten – ist ein gewaltiges, diffuses und auseinanderstrebendes Bronzegebilde. Das Kunstwerk belebt den vormals langweiligen Makartplatz und schafft ein gelungenes Spannungsfeld zur Dreifaltigkeitskirche und den umgebenden historischen Bauten wie Mozarts Wohnhaus oder dem Nobelhotel Bristol Salzburg.

Das achte Kunstprojekt (2009) stammt von **Christian Boltanski** und heißt **„Vanitas"**. Es handelt sich um eine Installation in der romanischen Hallenkrypta des Salzburger Doms ❺. An den Wänden befinden sich schattenspielartig Figuren aus Metallblech, von Kerzen angeleuchtet, dazu ertönt eine sich ständig wiederholende automatische Zeitansage.

❯ „walk of modern art", Tel. 0650 2753550, E-Mail: anita.thanhofer@utanet.at, jeden 1. Samstag im Monat (10–12 Uhr ab Kiefer-Pavillon im Furtwänglerpark, 10 €, Anmeldung nötig)

SALZBURG ENTDECKEN

004sb Abb.: mb

Ein Spaziergang durch das von Mönchs-, Festungs- und Kapuzinerberg eingefasste und durch die Salzach zweigeteilte Salzburg kommt einer Zeitreise von der Vergangenheit in die Moderne gleich. Man muss lange suchen, um auf derart begrenztem Raum ein ähnlich harmonisches Zusammenspiel zwischen Landschaft und Architektur, Kunst und Kultur, Tradition und Moderne zu finden, wie es Salzburg bietet.

„Das mittlere Europa hat keinen schöneren Raum – und gerade hier musste Mozart geboren werden." Hugo von Hofmannsthal fasste mit diesem Satz die herausstechenden Eigenschaften der Stadt zusammen: ihre Lage, das architektonische Gesamtkunstwerk und die Familie Mozart.

Vom Mönchsberg oder von der Festung Hohensalzburg ❶, der Hauptattraktion der Stadt, offenbaren sich die vielen Gesichter der Mozartstadt am besten. Von hier oben blickt man in die Wiege der Stadt, den Klosterbezirk

St. Peter ❸, der sich eng an den Festungsberg schmiegt und den schönsten Friedhof der Stadt beherbergt. Daran schließt sich die prächtige, barock ausgestaltete erzbischöfliche Stadt mit Dom ❺ und Residenz ❻ an. Nordwestlich folgt der Festspielbezirk mit großem und kleinem Festspielhaus ❿. Nördlich breitet sich das mittelalterliche Salzburg mit seinen historischen Bürgerhäusern und engen Gassen, z.B. die berühmte Getreidegasse ❿, aus. Rechts der Salzach erstreckt sich die Altstadt unterhalb des Kapuzinerbergs ㉔, prägend sind hier der Mirabellgarten und das Schloss ⓭.

FESTUNGSBEZIRK

Die Festung Hohensalzburg thront nicht nur mächtig über der Stadt, sie ist zugleich Blickfang und Wahrzeichen der Mozartstadt. Zudem gilt sie als größte vollständig erhaltene Burg Mitteleuropas, als Gesamtkomplex wurde sie als eines der besten Museen Österreichs ausgezeichnet. Kein Wunder, dass alljährlich fast eine Million Besucher die Festung sehen möchten und sie damit zur Hauptattraktion der Stadt machen.

❶ FESTUNG HOHENSALZBURG ★ ★ ★   [K8]

Die Festung Hohensalzburg – „Burg" würde kein Salzburger zu diesem Bauwerk sagen – gilt als das Wahrzeichen der Mozartstadt. Mit 30.000 m² Fläche zählt sie zu den mächtigsten Festungsbauwerken Europas, besonders beeindruckend ist jedoch ihr hervorragender Erhaltungszustand.

Dank der ausgeklügelten Verteidigungsanlage wurde die Festung **nie**

027sb Abb.: mb

eingenommen und man wagte es nur ein einziges Mal, während der Bauernkriege 1525/26, sie zu belagern. Dabei diente die Festung im Laufe ihrer langen Geschichte nicht nur als Schutzburg, sondern auch als Residenz der Fürsterzbischöfe, als Gefängnis und als Kaserne.

Man erreicht die 120 m hoch über der Stadt thronende Festung entweder über den etwas schweißtreibenden Fußweg entlang der Festungsgasse [J/K7] oder – weitaus bequemer – mithilfe der **Festungsbahn**, die um 1900 erbaut wurde (im Eintritt enthalten). Oben angekommen hat man vom „Schiff", wie Stefan Zweig die Festung einmal nannte, einen **grandiosen Ausblick auf Stadt und Umland.** Doch auch die Architektur

▲ *Thront über der Altstadt:*
Festung Hohensalzburg

an sich ist sehenswert, deckt sie doch **über 900 Jahre Baugeschichte** ab. Zudem beherbergt die Festung eine Reihe interessanter Museen.

Baugeschichte

Unter Erzbischof Gebhard (1060–1088) **war 1077 ein erstes Kastell auf dem Festungsberg** entstanden, es wurde im Laufe der Jahrhunderte immer weiter ausgebaut und befestigt. Erzbischof Konrad (1106–1147) ersetzte dieses Holzkastell durch eine **romanische Steinburg.** Reste des damaligen Wohnturms sind noch im sogenannten „Hohen Stock" erhalten. Schon damals galt die Festung als uneinnehmbar.

Für das 15. Jh. wird dann wieder eine rege Bautätigkeit überliefert. Eine Bastion entstand damals ebenso wie vier Wehrtürme, drei davon – Glocken-, Trompeter- und Arrestanturm – sind noch erhalten. Die intensivste Bautätigkeit fiel in die Regierungszeit von Erzbischof Leonhard von Keutschach (1495–1519), der **die Festung zu einem noblen spätgotischen Regierungssitz umbaute.** Das Fürstenzimmer mit dem „Salzburger Stier", einer Walzenorgel aus Zinn, legt vom damaligen Prunk Zeugnis ab. Unter Leonhard entstand auch der innere Schlosshof mit Pfisterei und Leonhardskapelle, der Mauerring wurde verstärkt und drei neue Türme (Reck-, Hasen- und Geyerturm) errichtet. Er ließ zudem einen 304 m langen Aufzug, den „Reiszug", konstruieren, der bis heute zur Materialversorgung dient.

Mit **Fürsterzbischof Wolf Dietrich von Raitenau** (Exkurs s. S. 58) setzte ein Wandel ein: Er zog aus der ungemütlich gewordenen Burg in eine prächtige Residenz in der Stadt um. Seine Nachfolger taten es ihm gleich und die Festung wurde fortan nur noch zu militärischen Zwecken und als Gefängnis benutzt. Bezeichnenderweise war Wolf Dietrich der erste Insasse.

Im 17. Jh., **während des Dreißigjährigen Krieges**, wurde die Anlage unter Fürsterzbischof Graf Lodron (1616–1653) nicht nur in das Gesamtkonzept der Stadtbefestigung miteinbezogen, sondern auch **auf den neuesten Stand der Militärtechnik gebracht.** So überstand die Festung alle Stürme der Zeit – als größtes Unglück gilt ein Brand im Jahr 1849. Zwei Jahre später begann eine umfassende Renovierung, die besonders die Innenräume betraf, doch schon zehn Jahre später erteilte Kaiser Franz Joseph I. den Befehl, die militärisch bedeutungslos gewordene Festung aufzugeben. Sie diente fortan nur noch als Kaserne und Depot, ferner bis 1934 weiter als Gefängnis.

Rundgang

Das heutige Aussehen der Festung ist im Kern auf die oben erwähnten Umbaumaßnahmen zwischen der Mitte des 15. und des 16. Jh. zurückzuführen. Die Festung ist 250 m lang, misst an der breitesten Stelle 150 m und bedeckt fast 30.000 m² an Fläche. **Sechs Basteien und 17 Türme** bilden den Verteidigungsring.

Heute gelangen die meisten Besucher mithilfe der Standseilbahn auf die 120 m hoch gelegene Festung und starten an der Hasengrabenbastei in der Nordwestecke der Anlage. Zu Fuß kommt man über die steile Festungsgasse im Nordosten an und von hier gelangt man erst nach Passieren von drei Sperr- bzw. Toranlagen in den äußeren Burghof.

Steigt man aus der Festungsbahn, steht man im sogenannten **Hasengraben mit Hasen- und Reckturm.** Vorbei am Glockenturm betritt man den inneren Burghof. Hier, im westlichen Teil des Hofs, liegt das von der inneren Burgbastei umgebene **Hauptgebäude, der „Palas" oder „Hohe Stock",** in dem sich das **Festungsmuseum** befindet. Geboten wird dort eine interessante Ausstellung zur Geschichte der Burg und der Stadt, außerdem kann man durch die historischen Gemächer der Erzbischöfe wandeln. Im dritten Stock liegt beispielsweise das berühmte **Fürstenzimmer mit der „Goldenen Stube"**, daran schließt sich die ehemalige Bibliothek an, deren Wandmalereien original erhalten sind. Das Schlafzimmer des Erzbischofs musste nach dem Brand 1849 erheblich restauriert werden.

Die Zimmer links vom Ausgang aus dem Großen Saal dienten einst Wolf Dietrich von Raitenau als „Gefängnis", heute ist hier das **Erzherzog-Rainer-Regimentsmuseum** untergebracht. Es widmet sich der 1682 zur Abwehr der Türken aufgestellten Elitetruppe, die bis 1918 bestand und auch hier stationiert war. Im weitläufigen Komplex des Hohen Stocks sind weitere Ausstellungen zu finden, z. B. das **Marionettenmuseum**, eine **Folterkammer** und eine **Multivisionsschau** über die Anlage.

An die 1680 erbaute sogenannte **Kuenburg-Bastei**, die sich im nordöstlichen Teil des Burghofes befindet, schließt sich die **St.-Georgs-Kirche** an. Sie besitzt ein spätgotisches Netzrippengewölbe und einen klassizistischen Hochaltar von 1776, der für die relativ kleine und intime Kirche viel zu mächtig wirkt.

Bei der achteckigen **Zisterne im Burghof** handelt es sich um den ältesten monumentalen Brunnen der Stadt. 1539 geschaffen, wurde er über ein Röhrenwerk mit dem gesammelten Wasser aller Dachflächen der Vorgebäude gespeist.

❯ Mönchsberg 34, www.salzburg-burgen.at, Okt.–April 9.30–17 Uhr, Mai–Sept. 9–19 Uhr, Festungscard 10,50 € inkl. Festungsmuseum

028sb Abb.: mb

(www.salzburgmuseum.at), Welt der Marionetten und Erzherzog-Rainer-Regimentsmuseum

❯ **Festungsbahn:** Festungsgasse 4, tgl. 9–mind. 17 Uhr, www.festungsbahn.at

❯ **Veranstaltungen:** Juli/Aug. im Burghof bzw. bei schlechtem Wetter im Stieglkeller (s. S. 26) **Jedermann-Aufführungen** (www.jedermann.at), **Adventsmarkt** an Adventswochenenden und ganzjährig **Salzburger Festungskonzerte** (www.mozartfestival.at), daneben stimmungsvolle Nachtführungen im Mai/Juni und Sept./Okt.

❷ **KAPITELPLATZ MIT KAPITELSCHWEMME** ★ **[J7]**

Zu Füßen der Festungsbahn bzw. am Ende der Festungsgasse (südlich des Doms ❺) breitet sich der Kapitelplatz aus. Zuvor fällt der Blick aber noch auf den erhöht an der Festungsgasse gelegenen Stieglkeller (s. S. 26), dessen Bierterrassen schon allein wegen der Aussicht lohnen.

▲ *Ungewöhnliche Präsentation alter Waffen und Rüstungen im Festungsmuseum*

029sb Abb.: mb

aufbäumenden Flügelpferd Pegasus – in der Nische des Brunnenhauses schuf Joseph Anton Pfaffinger (1684–1758). (Er war auch der Gestalter des heiligen Florian am Brunnen am Alten Markt ❾.) Die zwei seitlichen wasserspeienden Tritone sind sogar älter und stammen von 1691.

❸ STIFT ST. PETER MIT PETERSFRIEDHOF ★ ★ [J7]

Zwischen Kapitelplatz und Mönchsberg schmiegt sich das Stift St. Peter mit Klosterkirche, Stiftsbäckerei und Petersfriedhof. 696 soll der heilige Rupert das Kloster gegründet haben. Noch heute leben hier über 20 Benediktinermönche und machen St. Peter so zum **ältesten kontinuierlich besetzten Männerkloster nördlich**

Auf dem Kapitelplatz bildet die **Kapitelschwemme** den markanten Punkt. Es handelt sich um eine mächtige, von einer Balustrade eingefasste **barocke Brunnenanlage,** die einst dazu diente, die erzbischöflichen Pferde vor der Rückkehr in die Stallungen zu reinigen. 1732 wurde der Brunnen als Ersatz für einen bereits im Mittelalter existierenden „Rosstümpel" im Auftrag von Erzbischof Leopold Freiherr von Firmian (Inschrift über dem Gebälk, mit Wappen) von Franz Anton Danreiter (1695–1760) angelegt. Die **bewegte Neptun-Gruppe** – der Meeresgott Neptun mit Dreizack und Krone auf dem wasserspeienden, sich

▲ *Die barocke Brunnenanlage auf dem Kapitelplatz diente einst als Pferdetränke*

EXTRATIPP

Delikates Holzofenbrot

Die **Stiftsbäckerei von St. Peter,** am Durchgang zwischen Kapitelplatz und Petersfriedhof, übersieht man leicht, obwohl die Backstube, zu der ein paar Treppen hinabführen, durch eine große historische Getreidemühle unter Dach an ihrer ursprünglichen Stelle am Almkanal markiert wird. Heute ist das Wasserrad am Kanal wieder in Betrieb und wird zur Energiegewinnung genutzt. In der seit dem 12. Jh. existierenden Bäckerei gibt es ein besonders schmackhaftes Natursauerteigbrot aus dem Holzofen (in verschiedenen Größen), außerdem Gewürzweckel, Vinschgauer und Brioche sowie in der Weihnachtszeit ein Früchtebrot.

❯ Kapitelplatz 8, tgl. 7–17.30, Sa. 7–13 Uhr), Mi. geschlossen, www.stiftsbaeckerei.at

der Alpen. Die Anlage gruppiert sich um mehrere Höfe, derjenige mit dem Petrusbrunnen steht vor der Stiftskirche, ein zweiter gehört zum Klausurbereich und ist nicht öffentlich zugänglich.

Auf dem malerisch zu Füßen des Mönchsbergs und vor der Kulisse des Doms gelegenen **Petersfriedhof,** Teil des Klosters, liegen Mitglieder berühmter Salzburger Familien begraben, darunter Mozarts Schwester. Der älteste erhaltene Grabstein gehört dem 1288 gestorbenen Abt Dietmar. Es handelt sich jedoch nicht nur um **einen der idyllischsten Friedhöfe Salzburgs,** sondern auch um den ältesten: Er wurde mit dem Kloster im späten 7. Jh. angelegt, soll aber bereits vorher belegt gewesen sein.

Die **Gruftarkaden** entstanden in verschiedenen Phasen in der ersten Hälfte des 17. Jh., Grabinschriften und Gitter wurden meist später zugefügt. In diesen aufwendigeren Grabmälern sind Mitglieder der bedeutenden Salzburger Familien, der Pauernfeinds, Hagenauers oder Haffners, begraben, allerdings fand die Salzburger Hautevolee auch in den schlichteren Reihengräbern ihre letzte Ruhe.

Zu den Besonderheiten gehören die erhöht in das Gestein des Festungsbergs geschlagenen **Katakomben.** Sie reichen in spätantike bzw. frühchristliche Zeit zurück und dienten nicht als Begräbnisstätten, sondern als Versammlungsorte. Die Katakomben sind durch die Kommunegruft zugänglich (tgl. außer Mo. 10.30–16 Uhr, 1 €). In dieser befinden sich die einzigen Grabstätten der Anlage: von Mozarts Schwester Maria Anna von Berchtold zu Sonnenbur („Nannerl" genannt) und seinem Freund Michael Haydn. Abgesehen von mehreren kleinen Kapellen markiert die **spätgotische Margarethenkapelle** (heutiger Bau aus dem späten 15. Jh.) das Zentrum des Friedhofs.

Durch den Nordausgang erreicht man den größten Innenhof des St.-Peter-Stifts mit dem **Petrusbrunnen.** In den umgebenden Bauten befindet sich auf der Nordseite ein kleiner Klosterladen, auf der Westseite der Sitz der Johann-Michael-Haydn-Gesellschaft (siehe Extratipp „5-Uhr-Konzerte") und in der Südostecke, direkt

030sb Abb.: mb

▲ *Bekannt für ihr gutes Brot: die Stiftsbäckerei von St. Peter*

031sb Abb.: mb

► *Der Petersfriedhof ist der älteste Friedhof Salzburgs*

5-Uhr-Konzerte

Im Haupthof des Stifts, der leider auch als Parkplatz genutzt wird, befindet sich im Westtrakt der Sitz der **Johann-Michael-Haydn-Gesellschaft.** Im kleinen Museum (s. S. 34), Johann Michael Haydn (1737–1806), dem weniger bekannten Bruder von Joseph Haydn, gewidmet, finden von Juli bis Sept. die **5-Uhr-Konzerte** statt (www.5-uhr-konzerte.com, Eintritt 15 €), bei denen nicht nur Werke der Haydn-Brüder, sondern generell Musik aus ihrer Zeit dargeboten werden. Auf dem Stiftsgelände befindet sich außerdem ein netter **Klosterladen** (Mo.–Fr. 12.30–16.30 Uhr, Sa. 13.15–16.30 Uhr).

neben dem Zugang zum Friedhof, der **Stiftskeller** (s. S. 23), der schon 803 existierte und damit das älteste Lokal der Stadt ist. Heute gehört es mit seinen über zwei Stockwerke reichenden Gasträumen zu den beliebtesten Restaurants der Stadt, zumal hier auch die Mozart-Dinner stattfinden.

Markanter Hauptbau im Innenhof ist die große **Stiftskirche St. Peter.** Die heutige Kirche geht auf einen romanischen Bau (1130–1143) zurück, der errichtet wurde, nachdem ein Vorgänger von 850 abgebrannt war. Zwischen 1605 und 1625 sowie 1753 und 1785 wurde die Kirche im Barock- und Rokokostil umgestaltet.

> **Erzabtei St. Peter,** Stiftshof/Franziskanergasse, www.stift-stpeter.at, Friedhof tgl. bei Tageslicht geöffnet

► *Blick auf die prächtige Barockfassade des Salzburger Doms*

❹ ABSTECHER INS NONNTAL ★ [L7]

Östlich des Kapitelplatzes liegt zu Füßen von Festung und Nonnberg ein Ausläufer des Festungsbergs, das Nonntal, angeblich schon seit keltischer Zeit besiedelt. Der Name geht auf das alte Nonnenkloster, Stift Nonnberg, zurück. Im Umfeld sind **einige der schönsten Bürgerhäuser und Kirchen Salzburgs** zu bewundern.

Durch Kai- und Pfeifergasse, vorbei am alten Wirtshaus „Zum Weißen Ross", Resten eines römischen Tempels und dem Posthof aus den 1930er-Jahren, erreicht man die **Kajetanerkirche** [K7] auf dem gleichnamigen Platz. Sie war Ende des 17. Jh. von Giovanni Zuccalli für den heutin-(Kajetaner-)Orden im Barockstil erbaut worden, die Innenausstattung stammt aus den 1730er-Jahren.

Oberhalb vom Nonntal erhebt sich auf dem Hügel **Stift Nonnberg** [K8], um 700 als Benediktinerinnenstift gegründet und damit das älteste Frauenkloster im deutschsprachigen Raum (wie St. Peter ❸ vom heiligen Rupert gegründet). Die zugehörige Kirche wurde nach einem Brand neu

Bummel durchs Nonntal

Das Nonntal ist attraktiv zum Bummeln, Einkaufen und Schlemmen: Die Kaigasse [K7] hat nette Lokale wie Café mazz (Nr. 25), Balthasar (Nr. 31), und das Hotel Kasererbräu mit dem Mozartkino (s. S. 32). In der Chiemseegasse empfehlen sich die Schnitzel Schmiede im Hotel Chiemsee (Nr. 5) und das 220° Roesthaus nebenan. Im Treffpunkt (Nr. 2) gibts Volksmusik und Jazz live. Idyllisch ist die Herrengasse, einst Rotlichtviertel.

errichet (1463–1507) und spiegelt den spätgotischen Stil wider. Im angeschlossenen **Stiftsmuseum** befindet sich eine Sammlung mittelalterlicher Skulpturen, Flügelaltäre und Malerei der Spätgotik sowie kunstgewerblicher Arbeiten. Leider sind Kloster und Museum derzeit selten zugänglich, die Kirche öffnet in der Regel von 7 Uhr bis Sonnenuntergang.

Östlich erhebt sich mit **St. Erhard** [K8] (Nonntaler Haupstr. 12) eine weniger bekannte, aber sehenswerte Kirche. 1310 gestiftet, stammt der heutige Bau vom Reißbrett des Barockbaumeisters Giovanni Gaspare Zuccalli (ca. 1667–1717), der sie im Auftrag von Erzbischof Max Gandolf von Kuenburg zwischen 1685 und 1689 errichtete. Sie diente als Spitalskirche und war dem heiligen Erhard, dem Patron der Kranken und Armen, geweiht. Die Fassade weist eine hohe Kuppel, zwei seitliche Türme und eine vorgestellte Portikus mit symmetrischen Treppen auf. Den Innenraum dominiert der überkuppelte Zentralraum, beachtlich sind außerdem die teilweise vollplastischen Stuckaturen von Francesco Brenno und der 1692 von Johann Michael Rottmayr geschaffene Hochaltar.

DIE RESIDENZSTADT

Schnell merkt man beim Bummel durch Salzburgs Altstadt, dass sie eigentlich aus zwei Teilen besteht: aus Residenz- und Bürgerstadt. Bummelt man durch die italienisch anmutende weitläufige Residenzstadt mit ihren prächtigen Plätzen, Innenhöfen, Kirchen und Repräsentationsbauten, wird einem schnell verständlich, warum Salzburg auch als „Rom des Nordens" bezeichnet wird.

032sb Abb.: ts

⑤ DOM MIT DOMMUSEUM ★★★ [K7]

Das Zentrum der Salzburger Innenstadt im Allgemeinen und der Residenzstadt im Besonderen markiert der mächtige, in der ersten Hälfte des 17. Jh. erbaute Dom, der noch heute die festliche Kulisse für die alljährlichen „Jedermann"-Aufführungen während der Salzburger Festspiele bildet.

Während der Fußball-EM 2008 hat die Welt gesehen, dass auf dem **Residenzplatz** nördlich des Doms das Herz von Salzburg schlägt. Nachdem nun langjährige archäologische Ausgrabungen abgeschlossen sind, hat der lokale Architekt Andreas Knittel begonnen, den Platz mit einer unaufdringlichen Flusskieselpflasterung um den Brunnen umzugestalten. Vor einigen Jahren wurden bei **Grabungen** neben Teilen des spätromanischen Doms die romanische Johanneskapelle, Areale des bis 1600 bestehenden Domfriedhofs, ein barocker Arm des Almkanals, Fundamentpfeiler des 1592 unter Erzbischof Wolf Dietrich errichteten Verbindungsgangs zwischen Neuer und Alter Residenz sowie römische Baureste freigelegt. Sensationellster Fund war ein Weihealtar aus dem 2./3. Jh. n. Chr., der erstmals den Flussgott Iuvavus nennt, den Namensgeber der Stadt: Das römische Salzburg hieß nämlich „Iuvavum".

Der **Residenzplatz** ist neben Dom-, Mozart-, Kapitelplatz und Alter Markt eine von fünf Platzanlagen, die im Zuge der Neugestaltung der Domstadt unter Erzbischof Wolf Dietrich von Raitenau (Exkurs s. S. 58) zu Beginn des 17. Jh. entstanden sind. Im Zentrum steht der **Residenzbrunnen**, der mit 14 m Höhe größte Barockbrunnen nördlich der Alpen, erbaut 1656–1661, dessen Plastiken Tommaso di Garona (um 1620–1667) zugeschrieben werden.

Der Dom ist dem Stadtgründer, dem heiligen Rupert, geweiht und gilt als **erste frühbarocke Kirche nördlich der Alpen**. Es gab mehrere Vorgängerbauten – der erste von 774 –, deren Spuren und Geschichte im **Domgrabungsmuseum** zu studieren sind. Wenig „publikumsträchtig" unter dem Residenz- und Domplatz gelegen, gibt dieses interessante Einblicke in die Bautätigkeit seit römischer Zeit. Grabungsfunde einer römischen Villa – Mosaiken, Heizungsanlage, Kanäle u. a. – sind dort in moderner Präsentation ebenso zu bestaunen wie die Fundamente und Mauern der Westtürme des ersten Doms aus dem späten 12. Jh., der nach einem Brand 1598 abgetragen worden war.

❯ **Domgrabungsmuseum**, Residenzplatz (Dombögen), www.salzburgmuseum.at, Juli/August tgl. 9–17 Uhr, 2,50 €

EIN LEBEMANN AUF DEM BISCHOFSSTUHL

*Was wäre Salzburg ohne seine Erzbischöfe? Da sie nicht nur die kirchliche, sondern zugleich die weltliche Herrschaft innehatten, betätigten sie sich auch als großzügige Bauherren. Die wohl schillerndste Figur unter Salzburgs Erzbischöfen, gerade wegen seiner regen Bautätigkeit, war **Wolf Dietrich von Raitenau**.*

*1559 auf Schloss Hofen in Lochau bei Bregenz geboren, verkörperte er als einer der ersten Fürsten nördlich der Alpen den **neuen „Renaissance-Herrschertyp"**, den „uomo universalis", eine Art „Universalgelehrter", der fortschrittliche soziale Ziele verfolgte und politisch umsetzte. Dem Prunk nicht abgeneigt und der italienisch-barocken Kunst verfallen, war sein Regime durchaus als **absolutistisch** zu bezeichnen. Er verstand es, seine Macht rigoros durchzusetzen.*

*Raitenau stammte **aus wohlhabender Familie**: Mutter Helena von Hohenems war die Schwester des Kardinals Merk Sittich von Hohenems und Nichte Giovanni Angelo de Medicis, dem späteren Papst Pius IV. (1559–65), Vater Hans Werner von Raitenau stammte aus niederem Adel und war kaiserlicher Obrist. Obwohl der Sohn ebenfalls lieber Offizier werden wollte, bekleidete er bereits 12-jährig die Position eines Domherrn in Konstanz. Aufgrund seiner außerordentlichen Intelligenz, aber auch dank familiärer Beziehungen machte er rasch Karriere und wurde bald Dompropst von Basel. Es folgte ein Salzburger Kanonikat und 1587 stellte sich der 28-Jährige* zur Wahl zum Erzbischof von Salzburg - und wurde ins Amt gewählt.

Als Erzbischof trat er nicht allein für eine Erneuerung der katholischen Kirche ein und holte Kapuziner und Augustiner nach Salzburg, er bemühte sich auch um eine Verbesserung des Schulwesens. Nebenzu, wohl mitbedingt durch seine Abstammung, liebte er die italienische Kunst ebenso wie Pomp und Prunk. Er **verfolgte den Traum, aus Salzburg ein „deutsches Rom" zu machen,** kaufte kurzerhand in der Innenstadt an die 60 Häuser auf und ließ sie niederreißen, um an ihrer Stelle den neuen Dom, prunkvolle Residenzen und weitläufige Plätze zu gestalten. Gelegen kam ihm dabei ein Brand im Jahr 1598, der Teile des alten Doms zerstörte. „Brennet es, so lasset es brennen!", soll er damals ausgerufen haben.

Außer dem Dom wurden unter seiner Regentschaft 1595 auch der Bau der Residenz 🔟 und um 1606 Schloss Mirabell 🔟 in Angriff genommen. Letzteres errichtete der „Lebemann auf dem Bischofsstuhl" für seine **Geliebte Salome Alt.** Die schöne Salzburger Kaufmannsstocher war rund 20 Jahre lang seine Favoritin und gebar ihm fünfzehn Kinder, von denen allerdings nur zehn das Erwachsenenalter erreichten.

Wolf Dietrich war jedoch nicht nur Lebemann, Liebhaber, Kunstinteressierter und -mäzen, er beschwor auch **wegen seines herrischen Auftretens zahlreiche Konflikte** herauf und diese sollten letztendlich seinen eigenen Niedergang herbeiführen. Besonders verhasst war ihm sein Nachbar, Herzog Maximilian von Bayern, insbesondere als dieser 1611 vom Kaiser

die Erlaubnis erhielt, auf alle nach Bayern eingeführten Waren doppelten Zoll zu erheben. Dies kam für Raitenau einer Aufkündigung des Salzvertrags von 1594 gleich und er ließ daraufhin die Fürstpropstei Berchtesgaden besetzen. Allerdings konnte Salzburg dem Gegenangriff der Bayern nicht lange Stand halten und kapitulierte, bevor mehr Unheil angerichtet werden konnte.

Wolf Dietrich wurde auf der Flucht gefasst und zunächst auf der Festung Hohenwerfen südlich der Stadt im Salzachtal und schließlich **auf der Festung Hohensalzburg** inhaftiert. Herzog Maximilian klagte den Erzbischof wegen mehrerer Vergehen, auch des Konkubinats mit Salome, an - doch zu einem Prozess kam es nie. 1612 legte er sein Amt nieder, nachdem man ihm freies Geleit versprochen hatte. Doch daran hielt man sich nicht und sein Nachfolger und Vetter, Markus Sittikus, hielt ihn auf Geheiß des Papstes weiter in der Burg fest. Von dort verbreitete Wolf Dietrich Bittschriften um seine Freilassung, was Sittikus jedoch nur dazu veranlasste, die Haftbedingungen zu verschärfen.

Auf der Festung Hohensalzburg erlag Raitenau am 16. Januar 1617 schließlich einem Schlaganfall. Begraben wurde er in der Gabrielskapelle auf dem Sebastiansfriedhof (s. S. 81). Übrigens: Auch Wolf Dietrichs Geliebte Salome wurde verhaftet, doch mitsamt ihren Kindern schnell wieder entlassen. Die Familie zog nach Wels, Salome und Wolf Dietrich sollten sich nicht mehr sehen. Nach seinem Tod soll Salome bis zu ihrem Lebensende 1633 nur noch Trauerkleidung getragen haben.

Den heute zu bewundernden Prachtbau initiierte Fürsterzbischof Wolf Dietrich von Raitenau (1559 –1617). 1611 hatte man nach Plänen des italienischen Architekten Vincenzo Scamozzi (1548–1616) begonnen, einen mächtigen, etwa 140 m langen und 100 m breiten Kirchenbau zu errichten. Nach Raitenaus Verhaftung ein Jahr später lag das Projekt still. Weitergebaut wurde erst ab 1614 unter Nachfolger Markus Sittikus von Hohenems, dann allerdings basierend auf einem abgespeckten Plan von dessen Architekten Santino Solari (1576–1646). Die Kirche maß nun „nur" noch 101 x 69 m. Um 1655 war mit Fertigstellung der beiden 81 m hohen Türme der Bau vollendet.

1959 wurde der Dom nach beträchtlichen Kriegsschäden wiederaufgebaut. Die Fassade richtet sich zum **Domplatz mit der Immaculata-Säule** (Mariensäule) von 1771. Hier wird zur Festspielzeit die Originalversion von **Hofmannsthals „Jedermann"** aufgeführt. Die Basilikafassade wird von der Giebelfigur „Jesus als Retter der Welt" und von Monumentalplastiken der heiligen Rupert, Petrus und Paulus sowie Virgil geschmückt.

Durch drei moderne Bronzetüren von 1958 betritt man den **Kirchenraum**, der bis zu 10.000 Menschen Platz gewährt. Die Innenausstattung stammt großteils aus dem 17. Jh., der Zeit des Barock, und stellt ein **Gesamtkunstwerk** mit klaren, vor allem gerundeten Formen, üppigen Stuckarbeiten, viel Gold und bunter Malerei dar. Durch eine Vorhalle erreicht man das Mittelschiff, eine hohe tonnengewölbte Halle, die im Osten in eine achteckige Kuppel übergeht. Die Stuckaturen schufen 1631 bis 1635 Andrea Orsolini und Giuseppe Bassarino, während die Fresken im Querschiff um 1630 von Arsenio Mascagni und Antonio Solari, dem Sohn des Baumeisters, stammen.

Zu den Kostbarkeiten gehören neben dem **bronzenen Taufbecken**, das auf vier liegenden Löwen ruht und in dem auch Wolfgang Amadeus Mozart getauft wurde, die Hauptorgel und die prächtigen Domtore. Hier befinden sich auch die **Grabmäler aller Salzburger Erzbischöfe** vom Erbauer Markus Sittikus bis hin zum 1771 gestorbenen Sigismund. Kürzlich wurde die **romanische Hallenkrypta** des ersten Salzburger Doms von Konrad III. (1181–1200) mit dem achten Kunstprojekt der Salzburg Foundation, „**Vanitas**" (s. S. 48), wieder zugänglich gemacht.

Über Geschichte und Ausstattung des Sakralbaus informiert ausführlich das zugehörige **Dommuseum**. Es ist allein wegen seiner Lage in den Emporen des Doms mit Ausblicken auf die Altstadt und in den Dom hinein besuchenswert. Zudem sind hier **prächtige Kunstschätze aus dem Dom und aus den Kirchen der Erzdiözese** Salzburg aus 1300 Jahren Kirchengeschichte ausgestellt. Des Weiteren gibt es eine **Kunst- und Wunderkammer**, die in barockem Ambiente Objekte aus Natur und Kunst wie ausgestopfte bzw. konservierte Tiere, Fossilien, Mineralien, Muscheln, wissenschaftliche Geräte, Bergkristallschleifarbeiten und anderes zeigt. Eingerichtet in der zweiten Hälfte des 17. Jh., war die Sammlung nach der Säkularisierung 1803 zerstreut worden, nur die Schränke blieben stehen. 1974 wurde die Ausstellung im Sinne eines barocken Kuriositätenkabinetts neu rekonstruiert.

▶ *Die Erzbischöfliche Residenz*

Zugänglich ist neuerdings auch die 70 m „Lange Galerie bey Hof" (1657–61). Diese Gemäldegalerie der Erzbischöfe war 1803 aufgelöst worden. Dabei gelangte ein Großteil der Bilder nach Wien, einige sind hier jetzt wieder ausgestellt.

> **Dommuseum,** Domplatz 1 a (Domvorhalle), www.kirchen.net/dommuseum, Mo.–Sa. 10–17, So. 11 –18 Uhr, 5 €, auch sehenswerte Sonderausstellungen

❻ ERZBISCHÖFLICHE RESIDENZ MIT RESIDENZGALERIE ★ ★ ★ [J7]

Den nördlichen Rand des Domplatzes bzw. den westlichen Abschluss des Residenzplatzes bildet die Erzbischöfliche Residenz. Seit 1120 Sitz der Salzburger Fürsterzbischöfe, erhielt der prächtige Bau unter Wolf Dietrich von Raitenau Ende des 16. Jh. sein heutiges, frühbarockes Erscheinungsbild.

Fertiggestellt wurde die Residenz erst 1619 unter Raitenaus Nachfolger Markus Sittikus, doch auch in der Folgezeit wurde an der Residenz immer wieder um-, an- und ausgebaut. Der Baukomplex mit seinen 180 Räumen gruppiert sich um drei Innenhöfe. Im Haupthof, den man durch ein prächtiges Marmorportal betritt, das die Wappen der Fürsterzbischöfe Wolf Dietrich, Paris Lodron und Franz Anton Harrachs trägt, befindet sich eine künstlich gestaltete Tropfsteinhöhle mit dem Herkulesbrunnen sowie eine kleine private Kunstgalerie.

Am Westtrakt befindet sich der Aufgang zu den **sehenswerten Prunkräumen** und zur Residenzgalerie. Noch heute finden in der Residenz repräsentative Empfänge, aber auch Tagungen und internationale Kongresse statt. Die breite Haupttreppe führt hinauf zum **Carabinierisaal.** Dieser größte Saal der Residenz wurde um 1600 unter Wolf Dietrich erbaut und erhielt seinen Namen von der Leibgarde des Fürsterzbischofs. Er diente dieser nicht nur als Aufenthaltsraum, sondern auch als Theater- und Festsaal.

033sb Abb.: mb

Die **15 Prunksäle** (Audioführung) fungierten einst als **Repräsentationsräume der Salzburger Fürsterzbischöfe** und spiegeln heute drei Jahrhunderte Stilgeschichte von der Renaissance über den Barock bis hin zum Klassizismus wider. Zu Beginn des 18. Jh. wurden sie neu ausgestaltet, die Deckengemälde stammen von berühmten Künstlern wie Johann Michael Rottmayr oder Martino Altomonte. In den **Rittersaal** luden die Fürsterzbischöfe des Öfteren Gäste zu Konzertaufführungen – auch Mozart spielte hier. Weitere Säle sind das Konferenz- oder Ratszimmer – hier gab der sechsjährige Mozart sein erstes Hofkonzert –, die Antecamera, der Audienzsaal, der prunkvollste Saal der Residenz, das Arbeitszimmer, das Schreib- und Schatullenzimmer, das Schlafzimmer, der Thronsaal, der Weiße Saal oder Markus-Sittikus-Saal, das Grüne Zimmer und der Kaisersaal sowie die Galerie, deren Bestände den Grundstein für die heutige **Residenzgalerie** legten.

Über der Bel Etage ist heute die Kunstsammlung ausgestellt, die als eine der herausragenden in Sachen europäischer Malerei vom 16. bis 19. Jh. gilt. Im Mittelpunkt stehen dabei **niederländische Werke des 17. Jahrhunderts** (u.a. von Rembrandt, Rubens, Brueghel), italienische, französische und österreichische Malerei des 17. und 18. Jahrhunderts sowie **österreichische Meisterwerke des 19. Jahrhunderts** (u.a. Ferdinand Georg Waldmüller, Friedrich v. Amerling, Hans Makart oder Friedrich Loos). Daneben werden regelmäßig sehenswerte Sonderausstellungen ins Programm genommen.

Neueste Zufügung an die Residenzgalerie ist eine Aussichtsterrasse, die nördliche **Dombogenterrasse,** die Residenz und Dom miteinander verbindet. Hier findet u.a. das adventliche Turmblasen statt s. S. 13. Als Highlights des Jahres gastieren im März die internationale Messe für Kunst und Antiquitäten und im August die Salzburg World Fine Art Fair in der Residenz.

Teile der Residenz gehören zur Salzburger Paris-Lodron-Universität. Im Norden befindet sich der sogenannte **Toskana-Trakt,** heute Sitz der juristischen Fakultät. Dort wurden bei Renovierungsarbeiten wertvolle Bauteile freigelegt und bedeutende archäologische Funde gemacht, die interessante Erkenntnisse über das mittelalterliche Salzburg geben.

> ❯ **Erzbischöfliche Residenz mit Prunkräumen,** Residenzplatz, www.salzburg-burgen.at, tgl. 10 –17 Uhr, 8,50 €
> ❯ **Residenzgalerie,** www.residenzgalerie. at, Di. – So. 10 –17 Uhr, 7 €, bis Ende März 2010 wegen Renovierung geschl.

❼ NEUE RESIDENZ MIT SALZBURG MUSEUM ★★ [K7]

Jenseits des Residenzplatzes, gegenüber dem erzbischöflichen Repräsentationsbau ❻, befindet sich die Neue Residenz, einst auch „**Palazzo Nuovo**" genannt. Auch sie hat Salzburg Erzbischof von Raitenau zu verdanken. 1588 hatte er sie als erstes seiner Bauprojekte in Auftrag gegeben, fertiggestellt war sie bereits 1602. Heute befindet sich hier – neben dem Salzburger Glockenspiel im einstigen Henkersturm – das neue Salzburg Museum und das damit verbundene Panorama Museum.

Für das **Salzburger Glockenspiel** hatte Erzbischof Johann Ernst Graf von Thun und Hohenstein im Jahr 1695 35 Glocken bei einem belgischen Glockengießer namens

Melchior de Haze gekauft, den Turm Raitenaus erhöhen und aufwendig die nötigen Vorrichtungen anbringen lassen. 1705 ertönten die Glocken zum ersten Mal, bis November 2008 wurden dreimal täglich wechselweise um die vierzig Musikstücke gespielt, teils von Mozart, teils von Haydn und anderen Komponisten. Seither befindet sich das Glockenspiel in Wien zur Restaurierung.

Unter dem Turm befindet sich der Eingang zum großen **Laden des Salzburger Heimatwerks** (s. S. 20), ein Unternehmen, das in ganz Österreich das lokale Handwerk fördert und unterstützt und alte Traditionen in den verschiedensten Bereichen – Tracht, Brauch, Musik, Lied und Tanz –, auch als Kulturveranstalter, pflegt. Von Stoffen und fertigen Trachten über CDs und Spezialitäten bis hin zu Handwerkskunst und Souvenirs reicht die Angebotspalette.

Das **Salzburg Museum** nebenan (Zugang über Mozartplatz) gibt multimedial und höchst anschaulich einen Einblick in die Geschichte Salzburgs. 2007 mit modernem Konzept neu eröffnet und 2009 mit dem „European Museum of the Year Award" ausgezeichnet, befindet sich im ersten Obergeschoss „Salzburg persönlich": Eine Ausstellung zu Leben, Schaffen und Werk interessanter Salzburger Künstler, Architekten, Wissenschaftler, Literaten, Musiker und Fotografen aus Vergangenheit und Gegenwart, deren Leben, Schaffen und Wirkungskreis in wechselnden Ausstellungen beleuchtet wird.

Im zweiten Obergeschoss, in den Prunkräumen, ist die Ausstellung „Mythos Salzburg" zu sehen. Diese fokussiert die Entwicklung der Stadt in Geschichte, Kunst und Kultur seit Beginn der Neuzeit. Im **Spiegelsaal**

lassen sich Schätze der Archäologie und des Mittelalters bestaunen.

Unter dem Innenhof der Neuen Residenz liegen die Kunsthalle, in der Sonderausstellungen stattfinden, und ein Kindermuseum. Die **Panorama Passage** verbindet als unterirdischer Übergang das Salzburg Museum mit dem Panorama Museum. Ausgestellt sind hier einige Ausgrabungsfunde des Areals wie Teile einer römischen Mauer mit Wandmalerei, Stadtmodelle, außerdem diverse Dokumente und Relikte zur Entwicklung der Stadt von der Römerzeit bis heute.

Das Kernstück des **Panorama Museums** (s. S. 34) ist ein 26 x 5 m großes, erst 2005 restauriertes Rundgemälde, das Johann Michael Sattler (1786–1847) zwischen 1826 und 1829 schuf. Dieses ungewöhnliche Rundbild gibt das Panorama der Stadt Salzburg wieder, des Weiteren sind etliche kleinere Stadtpanoramen aus aller Welt von Sattlers Sohn Hubert (1817–1904) zu sehen. Sattlers Salzburg misst 125 m² und lädt mittels Touchscreen dazu ein, das Gestern und Heute miteinander zu vergleichen.

❯ **Glockenspiel:** bis Sommer 2010 wegen Renovierung unzugänglich

❯ **Salzburg Museum,** Mozartplatz 1 (Neue Residenz), www.salzburgmuseum.at, Di.–So. 9–17, Do. 9–20 Uhr, Juli/Aug./ Dez. auch Mo. (letzter Einlass 30 Min. früher), 7 € (So. 5,50 €)

❽ MOZART- UND WAAGPLATZ ★   [K7]

Im Norden des Residenzplatzes fällt die Kirche **St. Michael** ins Blickfeld. Da sie schon um 800 dokumentiert wird, handelt es sich um **die älteste Salzburger Stadtpfarrkirche.** Im romanischen Stil errichtet, wurde

Galgen, im 17. Jh. war hier die offizielle Waage der Stadt aufgestellt. Heute gruppieren sich um den Platz einige der ältesten Bürgerhäuser Salzburgs. In einem davon, dem Schaffner-Haus, befindet sich die **Georg-Trakl-Forschungs- und Gedenkstätte** (s. S. 33), in der Briefe und Dokumente aus dem Leben des Salzburger Dichters Georg Trakl (1887–1914) aufbewahrt werden.

DIE BÜRGERSTADT

Anders als die weitläufige Residenzstadt prägen enge und verwinkelte Gassen die Bürgerstadt. Die kleinen, intimen Innenhöfe werden mittels Durchhäusern untereinander verbunden, Wohn- und Geschäftshäuser schmiegen sich eng aneinander. Etwas aus dem Rahmen fällt nur der großzügig angelegte Festspielbezirk zu Füßen des Mönchsbergs.

sie immer wieder umgebaut, zuletzt 1767 bis 1776 im Barockstil.

Zwischen Michaelskirche und Neuer Residenz schließt der **Mozartplatz** an. Sein Zentrum markiert ein **Mozartdenkmal** des Münchner Bildhauers Ludwig Schwanthaler (1802–1848). Es wurde 1842 im Beisein der Mozartsöhne feierlich eingeweiht. Am westlichen Platzrand befindet sich außer dem Café Demel, einer „Filiale" des berühmten Wiener Kaffeehauses, und einem Internetcafé die **zentrale Infostelle** der Stadt (s. S. 101).

Im Westen geht der Mozartplatz fast unmerklich in den kleinen **Waagplatz** über. Im Mittelalter befand sich hier noch der Hauptmarkt mit Getreidespeicher, Gerichtshaus, Pranger und

❾ ALTER MARKT ★★ [J7]

Der 1240 angelegte Alte Markt bildete einst das Zentrum der Bürgerstadt. Rings um den lang gestreckten Platz, der traditionell bis ins späte 19. Jh. als Marktplatz diente, befindet sich eine Reihe der ältesten und prächtigsten Bürgerbauten, die im Kern oft noch mittelalterlichen Ursprungs sind.

Ein Beispiel ist das spätgotische Haus Nr. 7 mit klassizistischer Fassade und barockem Anbau. Heute residiert in dem Gebäude das bekannte Holzermayr-Mozartkugeln-Geschäft (s. S. 19), doch ursprünglich befand sich hier von 1591 an die **Fürsterzbischöfliche Hofapotheke**. Sie zog 1910 ins Nebenhaus, die Nr. 6, um. Besonders sehenswert ist ihre Rokoko-Innenausstattung (um 1760).

▲ *Auf dem Mozartplatz erinnert eine Statue an den berühmtesten Salzburger*

Das Haus Alter Markt 3 (Salzburger Sparkasse) fußt auf römischen Fundamenten und weist ein spätbarockes Portal auf (1747). In dem Haus schräg gegenüber (Nr. 9) wohnte von 1820 bis 1826 Constanze Nissen, die Witwe von Wolfgang Amadeus Mozart mit ihrem zweiten Ehemann, doch bereits 1764 zog das **berühmte Café Tomaselli** (s. S. 28) von der Goldgasse, wo seit 1700 Kaffee ausgeschenkt wurde, hierher. 1852 gelangte es in die Hände von Carl Tomaselli, Sohn des Tenorsängers und Mozartfreundes Giuseppe. Es befindet sich bis heute in Familienbesitz und gilt als das **älteste erhaltene Kaffeehaus im heutigen Österreich**. Allein dieser Ruf macht es schwierig, auf der Terrasse einen Tisch zu ergattern, doch zum Glück kompensieren die exzellenten Mehlspeisen und Torten die Wartezeit und die eher unfreundliche Bedienung. Direkt daneben steht mit nur 1,42 m Breite das schmalste Haus der Stadt (Alter Markt 10 a).

Man muss aber nicht unbedingt ins Tomaselli, sondern kann das Treiben auch vom gegenüberliegenden **Café Fürst** (Brodgasse 13, s. S. 18) beobachten. Immerhin wurden hier einst die **weltberühmten Mozartkugeln** erfunden. Außerdem ist das **Damenkonfektionshaus Steindl** (Alter Markt 13, s. S. 16) sehenswert wegen der Innenausstattung, die zum Teil noch aus dem frühen 20. Jh. stammt.

Gerahmt von all den sehenswert bemalten Bürgerhäusern um den Platz fällt in der Mitte der **Floriani-Brunnen** ins Auge. Bereits 1488 urkundlich belegt, wurde er immer wieder verändert: Ältester Teil ist das kunstvolle Spaliergitter des Vorgängerbrunnens (1583). Das achteckige Marmorbecken entstand ebenso wie die Brunnensäule Ende der 1680er-

Jahre. Letztere bekrönt eine 1734 zugefügte Figur des heiligen Florian, Schutzpatron der Feuerwehr.

❿ GETREIDEGASSE UND ALTES RATHAUS ★ ★ ★ [J7]

Das Gedränge ist stets dicht in der Getreidegasse, der berühmten Salzburger Flaniermeile, die heute neben der Festung die touristische Hauptattraktion der Stadt ist. Die Getreidegasse quert die Altstadt vom Alten Markt bis zum Bürgerspital zu Füßen des Mönchsbergs.

Entlang der „Flaniermeile Getreidegasse" reihen sich **alte und neuere Zunft- und Geschäftsschilder**, großteils produziert von der Schlosserei Wieber, die in der Getreidegasse 30 einen Blick in ihre Werkstatt erlaubt. alteingesessene Läden und Filialen

KURZ & KNAPP

Durchhäuser

Die Häuser an der Getreidegasse wurden einst so dicht aneinandergebaut, dass **kein Platz für Querverbindungen** blieb. Deshalb machte man sich die Bauweise der Häuser zunutze: Da sie meist um kleine, miteinander verbundene Innenhöfe gruppiert waren, schuf man Durchgänge und konnte so durch diese Innenhöfe von der Salzach quer über die Getreidegasse zum Universitätsplatz gelangen. Wie in Wien nennt man diese Passagen „Durchhäuser".

Die heute noch erhaltenen, teils detailreich verzierten Durchhäuser, z. B. zwischen Getreidegasse und Grünmarkt (Konditorei Schatz, s. S. 18), werden ausgiebig genutzt. In einige sind kleine Läden und Cafés eingezogen, die wie einst als „Kommunikationszentren" dienen.

bekannter Modeketten, Handwerks-
betriebe und Lokale, in zunehmen-
dem Maße aber auch moderne Boutiquen und schicke Cafés auf. Viele
Häuser stammen aus der Blütezeit
des reichen Bürgertums und obwohl
die **Fassaden barocke Pracht wider-
spiegeln,** sind die meisten Bauten im
Kern viel älter, meist mittelalterlichen
Ursprungs.

Neben Mozarts Geburtshaus ragt
das **Alte Rathaus** (Kranzlmarkt 1/
Rathausplatz) optisch aus dem „Häu-
sermeer" der Getreidegasse heraus.
Entstanden ist der Bau 1407 als Ge-
schlechterturm, doch zu Beginn des
17. Jh. wurde er komplett umgestaltet. Sein heutiges Aussehen inklusive
Rokokofassade erhielt das Rathaus
erst 1775.

⓫ MOZARTS GEBURTSHAUS ★ ★ ★ [J7]

*Touristischer Hauptanziehungspunkt
in der Getreidegasse ist die Haus-
nummer 9, Mozarts Geburtshaus.
Zwischen 1747 und 1773 lebte hier
die Familie Leopold Mozart und am
27. Januar 1756 erblickte Wolfgang
Amadeus das Licht der Welt.*

Das Haus zählt gleich nach der Festung mit knapp ½ Mio. Besuchern zu
den Topsights der Stadt. Die Familie
wohnte im 3. Stock des sogenannten
„Hagenauer Hauses", benannt nach
dem Eigentümer und Freund der Mozarts, dem Kaufmann und Spezerei-
enhändler Johann Lorenz Hagenauer.
Im rückwärtigen Teil des Hauses, zum
Universitätsplatz hin, befinden sich
noch heute die „Hagenauerstuben"
und in dem hier einst befindlichen
Delikatessengeschäft Stranz&Scio
kauften schon die Mozarts ein. Seit
1994 befindet sich der Nachfolger,
Scio's Specereyen (s. S. 23), in der
Sigmund-Haffner-Gasse 16.

KLEINE PAUSE

**Rustikaler Imbiss
in barocker Atmosphäre**
Im Durchhaus Getreidegasse 33
kann man den unscheinbaren
Balkan-Grill (s. S. 25) kaum übersehen, stehen doch hier meist lange
Schlangen an, um die beste „Bosna"
der Stadt zu kaufen. Dieses gegrillte
Schweinsbratwürstel wird in verschiedenen Varianten, z. B. „klassisch" mit
Zwiebeln und Petersilie, serviert.

▲ *In diesem Haus in der Getreidegasse erblickte Mozart 1756 das Licht
der Welt*

035sb Abb.: mb

● WOLFGANG AMADEUS MOZART

Ohne Mozarts Biografie wäre ein Salzburg-Führer unvollständig. Da jedoch Bücher über Salzburgs „Wunderkind" bereits ganze Bibliotheken füllen, sollen nachfolgend lediglich die wichtigsten Stationen seines Lebens skizziert werden.

*Stolz schrieb Ende Januar 1756 der Komponist und Verfasser einer bekannten Violinschule, Leopold Mozart, der in Salzburg eine Anstellung als fürsterzbischöflicher Kapellmeister gefunden hatte, einem Freund in seiner Heimatstadt Augsburg, dass seine Frau am 27. Januar um 20 Uhr „ ... mit einem Buben ... glücklich entbunden worden ..." sei. Unterrichtet von seinem Vater, zeigte sich bald, dass der kleine Wolfgang Amadeus ein **musikalisches Wunderkind** war. Früh begleiteten ihn der stolze Vater und oft die ganze Familie auf Konzerttourneen durch Europas Fürstenhöfe. 1772 wurde das „Wolferl" Konzert-*

*meister des Erzbischofs, 1777 reichte er den Rücktritt ein um - vergeblich - eine besser bezahlte Anstellung zu finden. Er kehrte 1780 nach Salzburg zurück und trat widerwillig die Stelle eines Hoforganisten an. Nach erneuten Streitigkeiten mit dem Erzbischof kündigte er am 8. Juni 1781 endgültig und versuchte sich **als freischaffender Komponist in Wien**. Dort heiratete er ein Jahr später Constanze Weber.*

*Ständig auf der Suche nach Auftraggebern und **meist knapp bei Kasse**, tauchte Wolfgang Amadeus immer wieder in Salzburg auf, wo seine geliebte Schwester, das „Nannerl", lebte. Mozart **starb jung, nicht ganz 36-jährig**, und überraschend nach kurzer Krankheit am 5. Dezember 1791 in seiner Wiener Wohnung, laut Todesurkunde an „Hitzigem Frieselfieber". Spekulationen gibt es viele, u. a. vermutet man eine falsch behandelte Streptokokkeninfektion in der Kindheit.*

Die **überraschend kleine Wohnung** im Hagenauer Haus wurde bereits 1880 zum Museum umgestaltet und beherbergt neben Musikinstrumenten persönliche Hinterlassenschaften der Mozarts. Neu eröffnet wurde erst kürzlich im dritten Stock die Ausstellung „Die Mozarts – Eine Familie stellt sich vor", die Einblicke in Lebensgeschichten und Persönlichkeiten des Mozarts gibt.

Im zweiten Stock gibt es eine Ausstellung mit dem Thema „Mozart auf dem Theater"; sie widmet sich der Rezeptionsgeschichte der Opern Mozarts. Um den „Alltag eines Wunderkindes" geht es schließlich im ersten

Stock des Gebäudes. Außerdem ist eine Erweiterung der Ausstellung im hinteren Gebäudeteil (dritter Stock) geplant.

❯ Getreidegasse 9, www.mozarteum.at, tgl. 9–18, Juli/Aug. 9–19 Uhr, 6,50 €

⑫ UNIVERSITÄTSPLATZ UND KOLLEGIENKIRCHE ★ ★ ★ [J7]

Der prächtige barocke Sakralbau, Kollegien- oder auch Universitätskirche genannt, gilt als Meisterwerk des Baumeisters Johann Bernhard Fischer von Erlach und neben dem Dom als bedeutendster Kirchenbau Salzburgs.

036sb Abb.: mb

Frisches aus der Umgebung
Täglich (außer So.) findet auf dem Universitätsplatz der berühmte **Grünmarkt** statt. Während unter der Woche die eher touristischen Stände überwiegen, kommen am Samstag gehäuft die Bauern aus dem Umland und bieten hier ihre Ware an.

Die nach Norden ausgerichtete **Schauseite der lang gestreckten Kreuzkuppelkirche** beeindruckt aufgrund zahlreicher Details. Im Erdgeschoss des Mittelteils grenzen drei Rundbogenarkaden die Vorhalle ab, im abschließenden Giebelfeld befindet sich das Wappen des Erzbischofs Johann Ernst Thun. Darüber erhebt sich neben Engelsfiguren eine Maria Immaculata, gerahmt durch Statuen der vier Evangelisten (linker Turm) und der vier Kirchenväter (rechter Turm), geschaffen von Michael Bernhard Mandl (um 1660–1711).

Durch die stuckierte querovale Vorhalle betritt man das **lichtdurchflutete Kirchengebäude** mit dem Grundriss eines kreuzförmigen Zentralbaus. Den Innenraum beherrscht eine **mächtige Kuppel** über einem abnormal hohen Tambour, einem zylinderförmigen Aufsatz zwischen Gewölbe und eigentlicher Kuppel. Für die Innenausstattung waren namhafte Künstler wie Johann Michael Rottmayr oder Josef Anton Pfaffinger verantwortlich. Während der französischen Besetzung durch Napoleon als Heulager missbraucht, diente der Bau später als Garnisonskirche, seit 1964

Mehrere Durchhäuser führen von der Getreidegasse zum Universitätsplatz. Dieser wird **gerahmt von Bürgerhäusern,** viele davon schon im 14. Jh. entstanden, und dominiert von den Bauten der alten Universität und insbesondere von der Kollegienkirche.

Die zwischen 1696 und 1707 im Auftrag von Erzbischof Johann Ernst Graf von Thun entstandene **Kollegienkirche** – der Kirchenbau der Universität – gilt nicht nur als Meisterwerk von Johann Bernhard Fischer von Erlach, sondern auch als **Musterbeispiel für den süddeutschen Barock.** Hier wurde zum ersten Mal nördlich der Alpen eine **konvexe Fassade** verwendet: Die Fassadenmitte wölbt sich zwischen den flankierenden Türmen vor, was stilbildend für so viele folgende barocke Kirchen in Süddeutschland und Österreich werden sollte.

◄ *Die Kollegien- oder Universitätskirche gilt als Meisterwerk von Fischer von Erlach*

KURZ & KNAPP

Johann Bernhard Fischer von Erlach

Fischer von Erlach (1656–1723) **zählt zu den bedeutendsten österreichischen Architekten des Barock** und war vor allem im Sakralbau tätig. Er verarbeitete in Wien und Salzburg Einflüsse des Hochbarock von Gian Lorenzo Bernini und Francesco Borromini und schuf über elliptischem Grundriss plastisch bewegte Baukörper. 1682–1685 in Rom bei Carlo Fontana ausgebildet, wurde er 1704 Hofarchitekt in Wien und entwarf dort mit der Karlskirche 1716 sein wohl bedeutendstes Werk. In Salzburg stammen mehrere Kirchen wie Kollegien- und Dreifaltigkeitskirche sowie Schloss Kleßheim von ihm.

wieder als Kirche der Universität und von 2008 an sogar als Pfarrkirche. Schon 1922 fungierte sie zudem erstmals als Aufführungsort während der Salzburger Festspiele.

🕦 FRANZISKANERKIRCHE ★★ [J7]

Die Franziskanerkirche gehört zu den **stilgeschichtlich interessantesten Kirchenbauten** der Stadt. Die Salzburger lieben diese Kirche, wie der abgegriffene Kopf des Löwen an der Kanzel belegt, der als Glücksbringer fungiert. Sie gilt als eine der ältesten Kirchen der Altstadt – ein Vorgängerbau mit dem Namen „Unserer Lieben Frau" wird urkundlich schon im 8. Jh. erwähnt. 1223 wurde der jetzige Bau eingeweiht, doch im Kern handelt

es sich um eine romanische Basilika. Das erkennt man heute noch am Langhaus, während der lichterfüllte gotische Chor einen interessanten Kontrast bildet.

Ende des 15. Jh. wurde der spätgotische Turm fertiggestellt, 1670 musste er in der Höhe teilweise wieder zurückgebaut werden, damit er die Türme des Doms nicht überragte. 1592 übernahmen die Franziskaner die Kirche als Klosterkirche. Während das **Südportal romanisch** ist (um 1220), wurde um 1700 eine **barocke Westfassade** zugefügt und 1709/10 schuf Johann Bernhard Fischer von Erlach den sehenswerten Hochaltar. Ebenfalls barock sind die neun Chorkapellen.

❯ Franziskanergasse 5, Zugang über Sigmund-Haffner-Gasse

🕦 MUSEUM DER MODERNE IM RUPERTINUM ★ [J7]

Das Museum der Moderne (MdM) unterhält zwei Häuser: den weithin sichtbaren Neubau auf dem Mönchsberg 🕧 und das Rupertinum in der Altstadt zwischen Kollegien- und Franziskanerkirche in nächster Nähe zum Festspielbezirk.

▶ *Die Zweigstelle des Museums der Moderne im barocken Stadtpalais*

037sb Abb.: ts

KLEINE PAUSE

*Stärkung nach
dem Kunstgenuss*

Besuchern des MdM im Rupertinum
bieten sich nach dem Besichtigungs-
programm gleich zwei Alternativen
für eine Pause: Zum einen im Museum das nette **Café Spoon**, das kleine Köstlichkeiten und Drinks (auch
im Freien) anbietet, zum anderen
das **Triangel** (s. S. 23). Bei Einheimischen, Festspielteilnehmern und Studenten gleichermaßen beliebt, serviert „Franzi" hier leckere und überraschend preiswerte Gerichte in gemütlicher Atmosphäre. Beide bieten
günstige Mittagsteller an.

Beim Rupertinum handelt es sich
um ein **barockes ehemaliges Stadtpalais** der Erzbischöfe, das später als
Priesterseminar diente. Neu renoviert
dient der Bau seit 1983 als „Salzburger Museum für moderne Kunst und
Graphische Sammlung". Die Idee dafür stammt von dem Salzburger Ga-
leristen und Kunsthändler Friedrich
Welz, der, befreundet mit Oskar Kokoschka, einen Großteil seiner beträchtlichen privaten **Expressionis-
tensammlung** dem Land Salzburg
überließ.

Das Museum widmet sich heu-
te vor allem neuen künstlerischen
Konzepten und die **Österreichische
Fotogalerie** gilt als bedeutendste
Sammlung zeitgenössischer öster-
reichischer Fotografie. Sehenswert

sind insbesondere die regelmäßigen
Wechselausstellungen.

> Wiener-Philharmoniker-Gasse 9,
www.museumdermoderne.at, Di.–So.
10–18 Uhr, Mi. 10–20 Uhr, 6 €

⑮ FESTSPIELBEZIRK ★ ★ [J7]

*Zu Füßen des Mönchsbergs breitet
sich zwischen der Bürgerstadt und
der alten Universität der Festspielbezirk, Hauptveranstaltungsort der Salzburger Festspiele, aus. Er umfasst neben der Felsenreitschule verschiedene Festspielhäuser.*

Der Gebäudekomplex geht wie
so viele Repräsentativbauten Salzburgs auf das Wirken von Erzbischof
Wolf Dietrich von Raitenau zurück.
1606/7 wurde die **Felsenreitschule**
errichtet und 1662 um eine Winterreitschule erweitert. 1693 gestaltete
sie Fischer von Erlach für das Training
der erzbischöflichen Kavallerie um
und damals entstanden auch gleich
drei Arkadengalerien für Zuschauer.
In den 1920er-Jahren wurde schließlich der Komplex komplett umgebaut,

► *Zu Füßen des Mönchsbergs
breitet sich der Festspielbezirk aus*

039sb Abb.: ts

um ihn für die Festspiele nutzen zu können. Eine Bühne kam ebenso dazu wie eine Tribüne für 1550 Zuschauer. 1926 wurde hier erstmals gespielt. 1970 wurde auf Drängen Herbert von Karajans der vormals offene Raum mit einem verschließbaren Zeltdach versehen.

Die von jeher überdachte Winterreitschule – mit dem Deckenfresko „Türkenkopfstechen" von Johann Michael Rottmayr – wurde 1923 zum **Kleinen Festspielhaus** umgestaltet (heute „Haus für Mozart"). Hier fand 1925 die erste Festspielaufführung statt. Auch hier baute man mehrfach um und heute wird die ehemalige Winterreitschule nur noch als Pausenraum benutzt. Daneben entstand (1956–1960) auf Initiative Karajans das **Große Festspielhaus** für fast 2200 Besucher. Sehenswert ist das Foyer mit Fresken von Anton Faistauer. Das zentrale Bild zeigt eine Szene aus Hofmannsthals „Jedermann".

Neben der Felsenreitschule führt eine Stiege hinauf auf den Mönchsberg und direkt zu dem sich hier befindlichen **Stefan Zweig Centre** (Ausstellungen, Lesungen und Vorträge).

❯ Hofstallgasse 1,
www.salzburgerfestspiele.at/spielstaetten, empfehlenswerte **Touren** tgl. Jan.–Mai und Okt.–Dez. jeweils 14 Uhr, Juni/Sept. 14 und 15.30 Uhr, Juli/Aug. 9.30, 14 und 15.30 Uhr, 5 €

▲ *Im kleinen Festspielhaus, einst Winterreitschule, trifft sich die High Society*

SALZBURGER FESTSPIELE

„*Nun hat er vollendet das Menschen-los, tritt vor den Richter nackt und bloß, und seine Werke allein, die werden ihm Beistand und Fürsprech sein. Heil ihm, mich dünkt, es ist an dem, dass ich der Engel Stimmen vernehm, wie sie in ihren himmlischen Reihen die arme Seele lassen ein.*" Mit diesem Schlussmonolog des Glaubens endet das eindrucksvolle Stück **„Jedermann" von Hugo von Hofmannsthal (1874–1929), das das Herzstück der Salzburger Festspiele** bildet.

Die erste Aufführung des „Jedermann" fand unter der Regie Max Reinhardts am 22. August 1920 statt - und seither wird es **jedes Jahr auf dem Domplatz aufgeführt**. Drei Jahre zuvor hatte der neu gegründete Verein „Salzburger Festspielhaus-Gemeinde" eine von der Stiftung Mozarteum Ende des 19. Jh. geäußerte Idee – Mozart-Festspiele abzuhalten - aufgegriffen. Man versuchte, Geld für den Bau eines Festspielhauses aufzubringen, gleichzeitig verfasste Regisseur und Theaterleiter Max Reinhardt eine „Denkschrift zur Errichtung eines Festspielhauses in Hellbrunn". Aus diesen Plänen wurde nichts, dafür gelang es Reinhardt und von Hofmannsthal aber, die Idee von Freilichtfestspielen in Salzburg 1920 erstmals umzusetzen.

Trotz der unsicheren wirtschaftlichen Lage und ohne öffentliche Zuschüsse **wurden die Festspiele schnell auch international bekannt**. Neben Reinhardt und von Hofmannsthal taten sich vor allem der Komponist Richard Strauss, der Dirigent und Wiener Hofoperndirektor Franz Schalk und der Bühnenbildner Alfred Roller als engagierte Streiter hervor. 1921 fanden außer dem „Jedermann" erstmals auch Konzerte und ab 1922 weitere Aufführungen statt, darunter Opern von Wolfgang Amadeus Mozart. Die finanziellen Probleme wurden dadurch gelöst, dass Stadt und Land Salzburg sowie der Bund als Veranstalter auftraten.

Außer auf dem Domplatz spielte man zunächst in der Hofstallkaserne und ab 1926 auch in der **Felsenreitschule**. Neben modernen Produktionen unter Reinhardt standen Oper und Konzert im Vordergrund. Die Werke Mozarts, der Wiener Klassik und der italienischen Opera buffa gehörten ebenso dazu wie Opern von Richard Strauss, Richard Wagner oder Guiseppe Verdi. Zwischen 1938 und 1944 spielten die Salzburger Festspiele in der nationalsozialistischen Kulturpolitik eine untergeordnete Rolle. Ein Großteil der bis dahin prägenden Persönlichkeiten floh ins Exil, andere blieben den Festspielen freiwillig fern.

Unterstützt von den US-Besatzungstruppen erholten sich die Festspiele nach 1945 langsam wieder und profitierten in der Folge von zwei Persönlichkeiten: dem **weltberühmten Salzburger Dirigenten Herbert von Karajan** - 1956-60 künstlerischer Leiter 1964-88 Mitglied des Direktoriums der Festspiele - und dem **belgischen Intendanten Gérard Mortier**.

Gerade von Karajan gestaltete den Opern- und Konzertspielplan neu und hatte Einfluss auf den Neubau des Großen Festspielhauses, das 1960 eröffnet wurde. Er bestimmte die Auswahl von Dirigenten, Sängern, Regisseuren und Bühnenbildnern, prägte lange Jahre den Stil und fundamentierte das hohe Niveau der Aufführungen. Darüber hinaus regte von Karajan weitere Neuerungen an: So gibt es seit 1967 **Osterfestspiele und Pfingstfestspiele**.

Auch wenn das Schauspiel im Laufe der Zeit hinter der Musik zurückblieb, gehören die „Jedermann"-Aufführungen auf dem Domplatz bis heute zu den bestbesuchten Veranstaltungen. Hier traten schon so **legendäre Schauspieler wie Curd Jürgens oder Klaus Maria Brandauer** *auf. Gérard Mortier, Intendant von 1991 bis 2001, verstand sich darauf, neue künstlerische Strömungen einzubeziehen, dem Sprechtheater wieder stärkeres Gewicht zu verleihen und neue Stücke u. a. von Thomas Bernhard oder Peter Handke zur Aufführung zu bringen. Zwischen 2002 und 2006 leitete Peter Ruzicka die Festspiele, 2007 bis 2010 Jürgen Flimm und ab 2011 wird Alexander Pereira übernehmen, unterstützt von Sven-Eric Bechtolf als Schauspielchef.*

Inzwischen finanzieren sich die Festspiele fast zur Hälfte aus den Ticketeinnahmen, gut ein Viertel steuern der Bund, die Stadt und das Land Salzburg bei, weitere Teile werden von Sponsoren und Förderern abgedeckt. Neben den traditionellen Spielstätten wie dem Großen Festspielhaus, dem Haus für Mozart (bis 2006 „Kleines Festspielhaus"), der Felsenreitschule und dem Domplatz finden heute auch Aufführungen auf dem Residenzhof, im Landestheater, im Großen Saal des Mozarteums und auf der Perner-Insel in Hallein statt. Inzwischen ist die Zahl der Veranstaltungen auf 189 (2008) und die Besucherzahl auf fast 254.000 angewachsen – damit gelten die Salzburger Festspiele als **eines der größten Musik- und Theaterfestivals der Welt.**

❯ *www.salzburgerfestspiele.at. Wer* **Karten** *für Festspielevents erwerben möchte, muss bis spätestens Mitte Januar online vorbestellen, um überhaupt eine Chance auf ein Ticket zu haben.*

⑯ SPIELZEUG MUSEUM ★★ [I7]

Nördlich vom Großen Festspielhaus, am Herbert-von-Karajan-Platz, liegen die **Hofmarstallschwemme**, 1694/95 von Fischer von Erlach gestaltet, und das **Sigmundstor**, ein 123 m langer und 12 m breiter Tunnel, der seit dem 18. Jh. durch den Mönchsberg zur westlichen Neustadt führt. Die barocke Pferdeschwemme mit ihrer heftig bewegten „Rossebändigergruppe" von Michael Bernhard Mandl (1695) und der mit Pferderassen bemalten Kulissenwand hat durchaus etwas Theatralisches.

An diese Brunnenanlage schließt sich das **Bürgerspital** von 1327 an. Der erhaltene Bau, der teilweise in den Mönchsberg hinein gebaut ist, stammt aus dem 16. Jh. und beherbergt heute neben dem Gotischen Saal (Konzertsaal) auch zwei sehenswerte Museen. Seit Juli 2008 residiert hier zudem der Vinzibus der freiwilligen Helfer der Vinzenzgemeinschaft, der die Armen- und Obdachlosenspeisung betreibt.

Im sehenswerten, dreistöckigen Renaissancearkadenhof blickt man linker Hand auf das **auch für Erwachsene sehenswerte Spielzeug Museum.** Der Grundstock hierfür wurde 1978 mit der von dem Ehepaar Folk gestalteten Sammlung gelegt. Das Museum zieht sich über mehrere Stockwerke hin und birgt auf rund 800 m² die **größte historische Spielzeugsammlung Österreichs.** Zu sehen gibt es Puppenhäuser und Puppen, Papiertheater, Blech- und Holzspielzeug, Plüschtiere und Teddybären, optisches Spielzeug, Zinnfiguren, Eisenbahnen, außereuropäisches Spielzeug und vieles mehr. Außerdem werden in einem kleinen Kasperletheater fast jeden Nachmittag (15 Uhr, außer

Mitte Juli–Mitte Sept.) Aufführungen angeboten.

Ein anderer Teil des Komplexes wird vom **Historische Musikinstrumente Museum** mit seiner Sammlung historischer Musikinstrumente aus vier Jahrhunderten eingenommen. Dazu zählen wertvolle Tasten-, Blas-, Streich-, Zupf- und Schlaginstrumente. Sie werden mittels Hörbeispielen zum Klingen gebracht.

Neben dem Bürgerspital liegt mit **St. Blasius** die älteste gotische Hallenkirche im süddeutschen Raum, 1330–1350 erbaut. Etwas weiter westlich fällt das schmale **Gstättentor** von 1618 ins Auge, in dem noch Teile der Stadtmauer aus dem 13. Jh. stecken.

❯ Spielzeug Museum und Historische Musikinstrumente Museum, Bürgerspitalgasse 2, www.salzburgmuseum.at, Di.–So. 9–17 Uhr, Juli/Aug./Dez. tgl. geöffnet, 3 € (gilt für beide Museen)

⓱ MÖNCHSBERG UND MUSEUM DER MODERNE ★★★ [I6]

Hoch über der Stadt, direkt an der steil abfallenden Klippe des Mönchsberges und 60 m über dem Anton-Neumayr-Platz thront, quasi als Pendant zur Festung, das neue Museum der Moderne (MdM) – die „Schachtel", wie die Einheimischen den Komplex nennen.

■ KATASTROPHE MIT FOLGEN

*Noch immer gleicht die Gstättengasse [I6] einer engen Schlucht, sind doch die Häuser teilweise direkt in den Mönchsberg hinein gebaut. Was heute malerisch anmutet, brachte in der Vergangenheit erhebliche Nachteile und Gefahren mit sich: Im Jahr 1669 sorgte beispielsweise ein Bergsturz für eine Katastrophe. Die herabstürzenden Felsen zerstörten nicht nur viele Gebäude, sie begruben auch mehr als 200 Bewohner unter sich. Es sollte bis 1778 dauern, ehe man aus dem Desaster gelernt hatte: Seither untersuchen die sogenannten **Bergputzer** (s. S. 46) den Mönchsberg regelmäßig nach losem Gestein.*

Seinen Namen erhielt der Berg von den Mönchen des Erzstifts St. Peter ❸, die am Berg im Kloster lebten. **Zahlreiche Wehranlagen und -türme** sind auf dem Mönchsberg zu finden. Die großteils erhaltene „Bürgerwehr" über dem Gstättentor bzw. Schleiferbogen der damaligen Stadtbegrenzung entstand 1487/88 als Teil der Stadtmauer, noch älter (1137–1143) sind die Stollen des Almkanals, die durch den Berg getrieben wurden, um das Wasser in die Stadt zu leiten.

Über den gesamten Berghang führt von der Festung nach Mülln im Norden ein ausgebauter Weg, weitere Pfade erschließen das Terrain. Heute wird der Berg, im Unterschied zum steileren Kapuzinerberg, auch der „Pensionistengletscher" genannt. An der Nordostflanke zur Altstadt hin ist der Spazierweg Teil des europäischen Weitwanderwegs E10. Oberhalb des Klausentores am nördlichen Ende der Altstadt liegt nahe Mülln im Norden die **Humboldt-(Aussichts-)Terrasse**, benannt nach dem Forscher Alexander von Humboldt, der sich im Winter 1798/99 in Salzburg aufhielt.

Direkt an der steil abfallenden Klippe des Mönchsbergs, 60 m über dem Anton-Neumayr-Platz, befindet sich das **Salzburger Museum der Moderne (MdM)**, das leicht per **Mönchsbergaufzug** oder alternativ und etwas beschwerlicher zu Fuß über eine Treppe im Toscaninihof (beim Festspielhaus ⓯) in zirka 15 Minuten zu erreichen ist. Von oben lohnt nicht nur der Ausblick von der Museumsterrasse, sondern auch die sehenswerten Wechselausstellungen und

das „m32", eines der Toprestaurants der Stadt (s. S. 29). Zudem sind zwei der interessanten **modernen Skulpturen der Salzburg Foundation** hier aufgestellt (s. S. 46).

Der schlichte, mit lokalem Untersberger Marmor verkleidete weiße Bau ist das Resultat einer Architekturausschreibung im Jahr 1998, bei der das Münchner Architektenteam Friedrich Hoff Zwink ausgewählt wurde. Der moderne Bau **komplementiert den markanten Wasserturm** aus dem 19. Jh. im Norden des Museumskomplexes und schafft mit viel Glas Durchblicke auf diesen.

2004 wurde das MdM eröffnet. Es zeigt auf **vier großzügig proportionierten Ausstellungsebenen** (insgesamt rund 2300 m² Ausstellungsfläche) Kunst des 20. und 21. Jahrhunderts, neben Stücken aus der eigenen Sammlung auch Wechselausstellungen. Der zentrale Ausstellungsraum mit Panoramafenster zur Skulpturenterrasse im Freibereich im Norden befindet sich auf Ebene 3, ebenso das Restaurant, das vom internationalen Stararchitekten Matteo Thun geplant wurde.

Die Sammlung basiert auf jener der „Moderne Galerie und Grafische Sammlung Rupertinum", **Schwerpunkte sind die Kunst des 20. Jh. und das Bild des Menschen.** Die Kunst der Jahrhundertwende ist mit Werken von Gustav Klimt, Oskar Kokoschka und Alfred Kubin vertreten, doch vor allem **das typisch Österreichische in der Kunstentwicklung** wird beleuchtet: Mit Arnulf Rainer, Maria Lassnig, Bruno Gironcoli, Hans Staudacher und jüngeren Künstlern wie Hubert Schmalix, Siegfried Anzinger und Erwin Bohatsch ist die 2. Hälfte des 20. Jh. vertreten, dazu kommen Werke aus der Medienkunst,

◀ *In das einstige Bürgerspital ist das sehenswerte Spielzeugmuseum eingezogen*

Naturpark Mönchsberg

Man sollte sich beim Ausflug auf den Mönchsberg Zeit lassen. Wer will, kann die Aussicht von der Terrasse des Museumsrestaurants m32 (s. S. 29) oder von einem schlichten Parkbänkchen genießen und anschließend den **Naturpark Mönchsberg** erkunden. Auch ein Spaziergang zur Festung ist möglich.

Preiswerte Brotzeit mit Ausblick gibts in der **Stadtalm** (Mönchsberg 19 c), einer mitten auf dem Berg auf halber Strecke zur Festung gelegenen Wirtschaft mit Sonnenterrasse und Gastraum (tgl. mind. 10–18 Uhr, Jan./Feb. nur an Wochenenden, Tel. 841729, www.diestadtalm.com). Das Lokal fungiert außerdem als Gruppenherberge.

Fluxus und Aktionismus. Außerdem finden immer wieder Sonderausstellungen internationaler zeitgenössischer Kunst statt.

❯ **Museum der Moderne,** Mönchsberg 32, www.museumdermoderne.at, Di.–So. 10–18, Mi. 10–20 Uhr, im Sommer auch Mo., 8 €

❯ **Mönchsbergaufzug,** Gstättengasse 13, Okt.–April tgl. 8.30–19, Mi. 8.30–21 Uhr, übrige Zeit ab 8 Uhr, Juli/Aug. 8–21 Uhr, Einzelfahrt Erw. 1,80 €, Kombiticket mit Museum 9,10 bzw. 9,70 € (einfache Fahrt bzw. H/R).

⑱ HAUS DER NATUR ★★ [I6]

Dort, wo der Mönchsberg bis fast an die Salzach heranreicht, schmiegt sich das ehemalige **Ursulinenkloster mit der Markuskirche** an den Felsen. Der Komplex wurde – wie so viele Gebäude der Stadt – um 1700 von Fischer von Erlach (1656–1723)

Christian Andreas Doppler

„Vroom" – mit lautem Getöse sausen die Rennwagen an den Zuschauern vorbei. Kaum jemand registriert dabei, dass nach Vorbeifahren das Motorgeräusch deutlich tiefer wird. Diese auch anderweitig festgestellte Veränderung der Frequenz von Wellen bei Annäherung oder Entfernung ist in der Physik als **„Dopplereffekt"** bekannt – und es war ein Salzburger, der dieses Phänomen entdeckte. Heute ist diese Entdeckung in der Verkehrssicherheit nicht mehr wegzudenken, wird sowohl bei der Geschwindigkeitsmessung (Radarfalle) als auch bei der Navigation im Luftverkehr angewandt.

1842 dachte ein gewisser Christian Andreas Doppler darüber nach, was wohl passiert, wenn sich Sender und Empfänger einer Wellenfrequenz relativ zueinander bewegen. Er vermutete richtig: Bei Annäherung von Quelle und Beobachter ergibt sich eine höhere Frequenz, bei Auseinanderbewegung eine tiefere. Zu jener Zeit war Doppler schon Professor für Mathematik und Physik an der Karls-Universität in Prag – eine große Karriere für einen Mann, der 1803 als Sohn eines Steinmetzen in Salzburg geboren worden war. Da er aufgrund seiner schwachen körperlichen Konstitution den väterlichen Beruf nicht ausüben konnte, nutzte er sein mathematisches Talent, studierte in Salzburg und Wien und wurde 1835 als Professor nach Prag berufen.

erbaut, und zwar an jener Stelle, an der eine Kirche bei einem Bergsturz 1669 zerstört worden war. Das Kloster diente zugleich als Erziehungsanstalt für Mädchen.

Nachdem 1959 die Ursulinen den Bau aufgegeben hatten, wurde hier das **Haus der Natur** eingerichtet. Der 1991 mit dem Österreichischen Museumspreis ausgezeichnete Komplex ist eine der meistbesuchten Attraktionen der Stadt und wurde kürzlich neu renoviert und vergrößert wiedereröffnet. Dabei wurde ein benachbarter alter Klosterbau integriert, es entstanden eine neue große Eingangshalle mit Shop und das Café Vogelfrei mit Terrasse. Der Schaubereich wurde attraktiver gestaltet.

Über fünf Stockwerke werden große und kleine Besucher über Naturwunder in Österreich und der ganzen Welt ebenso informiert wie über die Flora und Fauna. Neben Aquarien gibt es einen Reptilienzoo, eine Schatzkammer mit Gold und Edelsteinen, die Abteilung „Wunder des Meeres", eine informative Ausstellung über die Salzach, über Astronomie und Raumfahrt sowie über Saurier. Eine Sonderabteilung widmet sich dem Salzburger Mathematiker und Physiker Christian Andreas Doppler. Sehenswert im neuen Trakt ist vor allem das **Science Center** auf drei Stockwerken, ein „Experimentarium" für Physik, Biologie, Mathematik und Musik mit interaktiven Ausstellungsstücken.

❯ Museumsplatz 5, www.hausdernatur.at, tgl. 9 – 17 Uhr, 6 € (Kinder ab 4 J. 4 €, Jüngere frei)

MIRABELLBEZIRK – RECHTS DER SALZACH

Auch wenn der meiste Besucherrummel zwischen Festung, Residenz- und Bürgerstadt herrscht und sich dort die Attraktionen häufen, sollte man das Viertel rechts der Salzach nicht links liegen lassen. Hier locken Schloss Mirabell mit Barockgarten und Mozarts Wohnhaus, hier verläuft mit der Linzer Gasse eine weitere Salzburger Lebensader.

⑲ SCHLOSS MIRABELL MIT GARTEN ★ ★ ★ [J5]

Von wem sonst als Erzbischof Wolf Dietrich von Raitenau könnte solch ein prächtiges Schloss stammen? 1606 ließ er es für seine Geliebte, die Salzburger Bürgertochter Salome Alt, und die gemeinsamen Kinder errichten.

▶ *Prächtiges Schloss mit sehenswerter Gartenanlage: Mirabell*

Das Schloss wurde im Laufe der Jahrzehnte mehrfach umgebaut, u. a. von Fischer von Erlach in den Jahren 1721–1727. Er sorgte für den barocken Charakter der Anlage. Da der Bau heute vom Magistrat benutzt wird, sind nur wenige Teile öffentlich zugänglich. Das Treppenhaus im Westtrakt von Lukas von Hildebrandt hat Georg R. Donner mit Putten und Marmorskulpturen sowie antikisierenden Büsten aufwendig ausgestaltet. Über diese prächtige Engelsstiege gelangt man in den **Marmorsaal**, den ehemaligen Festsaal des Schlosses, in dem schon der junge Mozart aufgetreten ist. Er gilt heute als **einer der schönsten Trausäle der Welt** (Mo.– Mi. 9–16 und Do./Fr. 13–16 Uhr frei zugänglich, wenn keine Hochzeit stattfindet) und wird auch für Klassikkonzerte genutzt.

Südöstlich des Schlosses schließt sich der **frühbarocke Mirabellgarten** an, nach französischen und italienischen Vorbildern geschaffen und 1854 von Kaiser Franz Joseph der Öffentlichkeit zugänglich gemacht.

Die zwei entscheidenden **spätbarocken Umgestaltungen** des Gartens fanden unter den Erzbischöfen Johann Ernst Graf Thun (1687–1709) durch Fischer von Erlach und unter Franz Anton Fürst von Harrach (1709–1727), ausgeführt von Anton Danreiter, statt. Sie brachten spätbarocke Formenvielfalt in die ursprüngliche Klarheit des Plans und gliederten neue Gartenräume aus: das kleine Parterre der Linden- und Buchenspaliergänge, den Bastionsgarten – einst Teil der Befestigung und um 1730 in die Gartenanlage integriert –, das Heckentheater, den Rosengarten und den „Zwergerlgarten".

Die Zwergerlfiguren des **Zwergerlgartens** stammen aus dem Besitz von Erzbischof von Harrach – damals gehörte ein Haus- und Hofzwerg zum Gefolge eines Herrschers und die grotesken Marmorfiguren bilden diese Gnome nach. Die Mitte des Gartens bildet ein Springbrunnen, dessen Statuengruppen 1690 Ottavio Mosto schuf. Sie versinnbildlichen die vier Elemente Feuer (Aeneas trägt seinen Vater Anchises aus dem brennenden Troja), Luft (Herkules erdrosselt den Giganten Antaeus), Wasser (Paris raubt Helena) und Erde (Pluto entführt Proserpina). Zudem bevölkert diesen Garten eine Menge diverser Gottheiten, Faustkämpfer und Fabeltiere.

Das **Heckentheater** hat die Pariser Tuilerien zum Vorbild und gilt als ältestes im deutschsprachigen Raum. Im Spätbarock und Rokoko waren solche Naturtheater, die in Schlossparks mit festem Zuschauerraum und Kulissen aus kunstvoll beschnittenen Hecken und Lauben sowie Springbrunnen und Pavillons angelegt wurden, beliebt. Hier steht auch der Susanna-Brunnen, dessen Hauptfigur der Salome Alt nachempfunden sein soll. Von der Schlossterrasse aus eröffnet sich ein **fotogener Blick auf die Festung** und die ihr zu Füßen liegende Altstadt. Hiervon soll sich der Name des Schlosses, „mirabell" aus dem Italienischen *(mirabile* = bewundernswert und *bella* = schön) ableiten.

> ❯ **Mirabellgarten**, frei zugänglich, tgl. 6 Uhr bis Sonnenuntergang

⑳ SALZBURGER BAROCKMUSEUM ★★ [J5]

In der Orangerie von Schloss Mirabell befindet sich das interessante Salzburger Barockmuseum. Es ist das einzige Museum Europas, das sich ausschließlich dem Entwurf widmet.

Gemeint sind Skizzen und Modelle, aus denen später weltberühmte Originale wurden.

Die ehemalige Privatsammlung von Kurt und Else Rossacher, 1970 gestiftet und seit 1973 als Museum eröffnet, umfasst rund 200 Bozzetti (Modellentwürfe für eine Figur oder Skulptur) und 150 Handzeichnungen. Einige der Entwürfe sind überaus wertvoll, da **in vielen Fällen das daraus entstandene Kunstwerk nicht mehr erhalten** ist. Zur Sammlung gehören u. a. Werke von Rubens, Tiepolo, Bernini, aber auch von lokalen Künstlern wie Rottmayr, Kremserschmidt oder Maulbertsch. Dazu veranstaltet das Museum regelmäßig Sonderausstellungen mit den Schwerpunkten Grafik und Handwerkstechniken. Sehenswert im Gartenzimmer sind etliche Stiche von J. A. Danreiter, die den historischen Zustand des Gartens um 1725/28 zeigen.

> Orangerie, Mirabellplatz 3, www.barockmuseum.at, Mi.–So. 10–17, Juli/Aug. Di.–So. 10–17 Uhr, 4,50 €

> **Salzburger Klassik** – Musik im Salzburger Barockmuseum, Tel. 0650 5009150, www.salzburgerklassik.com, mehrmals wöchentlich um 17 Uhr Klassikkonzerte, 25 €

㉑ MOZARTS WOHNHAUS ★★ [J6]

Berühmtester Bewohner am Makartplatz in der Altstadt rechts der Salzach war einst Wolfgang Amadeus Mozart, dessen Familie die beengten Räumlichkeiten in der Getreidegasse 1773 gegen diese geräumigere Wohnung tauschten.

Zentraler Platz rechts der Salzach ist der **Makartplatz mit der Dreifaltigkeitskirche**, 1694 bis 1707 von Fischer von Erlach erbaut und innen

mit einem sehenswerten Kuppelfresko des berühmten Salzburger Barockmalers Johann Michael Rottmayr (1654–1730) ausgestattet. Bei dem beherrschenden Kuppelraum und dem konkaven Fassadenmittelteil wird der Einfluss Borrominis besonders deutlich.

Im Umfeld des Platzes lebten gleich **drei bedeutende Salzburger:** In Haus Nr. 1 wurde 1803 **Christian Doppler** (s. S. 76) geboren und im Haus neben dem Hotel Sacher an der Salzach erblickte **Herbert von Karajan** – markiert durch eine Skulptur davor – 1908 das Licht der Welt.

▲ *Die Dreifaltigkeitskirche im Kontrast zur modernen Statue Craggs auf dem Makartplatz*

KLEINE PAUSE

In Mozarts Wohnhaus befindet sich auch das **Café Classic** (Makartplatz 8), ein idealer Ort, um nach anstrengender Mozarttour eine kleine Pause einzulegen.

Das 1617 erstmals erwähnte Haus am Makartplatz 8 bedeutete 1773 für die Familie Mozart, dass man endlich den beengten Verhältnissen in der Getreidegasse entkam. Bis 1780 lebte Mozart hier. Im 2. Weltkrieg beschädigt und nur teilweise wieder aufgebaut, wurde das Haus 2007/08 komplett renoviert und in der ehemaligen Wohnung der Mozarts im ersten Stock ein überaus **sehenswertes Ton- und Filmmuseum zum Leben der Familie Mozart** eröffnet.
> Makartplatz 8, www.mozarteum.at, tgl. 9–18 Uhr, Juli/Aug. 9–19 Uhr, 6,50 €

㉒ LINZER GASSE UND UMGEBUNG ★ [J6]

Die Linzer Gasse, die am Platzl an der Staatsbrücke beginnt, ist die **Hauptschlagader der Altstadt rechts der Salzach**. Sie war einst die wichtigste Ausfallstraße der Stadt Richtung Osten. Heute stehen auch hier prächtige Bürgerhäuser, allerdings sind die Läden und Lokale weniger mondän und „traditionsbelastet" wie jene in der weitaus berühmteren Getreidegasse ❿.

Die von der Linzer Gasse am Platz ostwärts abgehende **Steingasse** [J/K6] führt direkt am Kapuzinerberg entlang und gibt eine gute Vorstellung davon, wie einst das **mittelalterliche Salzburg** ausgesehen hat: Die eng aneinander stehenden Häuser sind direkt an den Fels gebaut. Die Gasse ist an einigen Stellen so schmal, dass kein Auto durchpasst und ein amerikanischer Panzer kurz nach dem Zweiten Weltkrieg einmal sogar ein Stück Wand mitnahm.

Früher als Rotlichtdistrikt verschrien, ist die Steingasse heute dank Weinbars und netter Shops attraktiv. Sie ist Teil des sogenannten „Bermudadreiecks" – des Viertels zwischen ihr, Imbergstraße und Giselakai sowie Rudolfskai auf der anderen Salzachseite –, in dem sich das **Salzburger Nachtleben** abspielt. Die Szenetreffs Pepe Gonzales (s. S. 30) und Saitensprung (s. S. 29) befinden sich ebenso in der Steingasse wie nette Lokale, Weinbars, kleine Läden und Boutiquen.

Sowohl von der Steingasse – über die **Imbergstiege** – als auch vom Linzer Gasse (Nr. 14, Stefan-Zweig-Weg) gelangt man von hier hinauf auf den Kapuzinerberg ㉔.

㉓ SEBASTIANSKIRCHE ★ [K6]

Hauptsehenswürdigkeit an der Linzer Gasse ist die Sebastianskirche. Die 1512 eingeweihte Kirche erfuhr

043sb Abb.: mb

■ PARACELSUS

Paracelsus ist Namensgeber für Apotheken und Drogerien, Medizin- und Kräutermixturen, für die höchste deutsche Auszeichnung für verdiente Ärzte (Paracelsus-Medaille) und fungiert als Schutzherr von Kliniken - er ist allgegenwärtig. Und das zu Recht, denn Philippus Theophrastus Aureolus Bombastus von Hohenheim, so sein eigentlicher Name, hat wie kaum ein anderer an den Universitäten seiner Zeit **moderne Anschauungen in der Medizin durchgesetzt.**

1493 als Sohn eines Arztes, Naturforschers und Alchemisten nahe Einsiedeln in der Schweiz geboren, war Paracelsus familiär vorbelastet. Nach Studien in Basel, Wien und Ferrara zog er als Arzt durch Europa, erreichte 1524 erstmals Salzburg, musste wegen seines Einsatzes für die aufständischen Bauern jedoch schon zwei Jahre später fliehen. 1541 kehrte er nach Salzburg zurück, lebte in der Pfeiffergasse 11 und starb dort am 24. September an den Folgen einer Bleivergiftung.

Paracelsus - Arzt, Alchemist, Astrologe, Mystiker, Laientheologe und Philosoph - genoss einen **aufgrund seiner Heilungserfolge legendären Ruf,** *stand aber stets in erbitterter Gegnerschaft zu den etablierten Medizinern und Apothekern. Vor allem seine Kritik an der seinerzeit vorherrschenden Lehrmeinung der Viersäftelehre nach Galen und an der bloßen Bücherweisheit vieler Mediziner machte ihn wenig beliebt. Die Fülle seiner medizinischen, naturkundlichen, astrologischen und theologischen Schriften - um 1520 erschien sein erstes Werk, viele weitere erst nach dem Tod - machten ihn zum* **Wegbereiter der pharmazeutischen Chemie.** *Zudem bezog er Umwelt und Psyche in seine Diagnosen ein und betrachtete Krankheiten ganzheitlich nach dem Motto „Ursachenbehandlung vor Symptombekämpfung".*

---

bereits im Jahr 1598 im Auftag von Erzbischof Wolf Dietrich eine Umgestaltung. Mitte des 18. Jh. wurde die Kirche erneut erweitert und im spätbarocken Stil nach Plänen von Kassian Singer umgebaut. Der Innenraum wird von einem Tonnengewölbe geprägt und war mit Fresken von Paul Troger versehen. Diese und andere Teile der Ausstattung, wie Trogers Hochaltarbild, wurden jedoch 1818 durch ein Feuer zerstört.

In der nördlichen Vorhalle der Kirche befindet sich u. a. das Grabmal des Paracelsus (siehe Exkurs). Durch die Halle hindurch gelangt man in den angrenzenden **Sebastiansfriedhof.** Ihn hatte ebenfalls Erzbischof Wolf Dietrich in Anlehnung an einen italienischen Campo Santo – ein parkähnlich-mediterranes, von Arkaden umschlossenes Gräberfeld – anlegen lassen. Es ist der einzige Friedhof dieser Art nördlich der Alpen. Neben seinem eigenen Grabmausoleum im Zentrum, der sogenannten Gabrielskapelle, sind hier auch die **Grabstätten von Familienmitgliedern der Mozarts** zu finden, darunter Wolfgangs Witwe Constanze und sein Vater Leopold.

◄ *Das Grabmausoleum von Erzbischof Wolf Dietrich auf dem Sebastiansfriedhof*

ENTDECKUNGEN AUSSERHALB DES ZENTRUMS

Zugegeben, in der Salzburger Altstadt gibt es viel zu sehen und allein ein Bummel durch die Gassen und über die Plätze lässt die Zeit wie im Flug vergehen. Dennoch lohnen einige Abstecher in die Umgebung, sicher auf den Kapuzinerberg, zum Kloster Mülln, wo ein malerischer Biergarten wartet, oder zum Schloss Hellbrunn mit seinen Wasserspielen. Bierliebhabern sei die Stiegl-Brauwelt ans Herz gelegt.

㉔ KAPUZINERBERG ★ ★ [K6]

Wird das linke Salzachufer vom Mönchsberg überragt, ist es auf der rechten Seite der Kapuzinerberg. Neben dem Kapuzinerkloster gibt es hier oben einen Naturlehrpfad, mehrere Aussichtspunkte und Kapellen sowie das Paschingerschlössl.

Die Imbergstiege führt ab der Steingasse und der Stefan-Zweig-Weg (ab Linzer Gasse) direkt von der Altstadt rechts der Salzach hinauf auf den Kapuzinerberg. Folgt man dem Stefan-Zweig-Weg, passiert man neben der Felixpforte von 1632, einem der zahlreichen Stadttore, sechs barocke Kreuzwegkapellen (1736–44). Dann erreicht man das **Paschingerschlössl** (Kapuzinerberg 5), wo von 1919 bis 1937 der Schriftsteller Stefan Zweig lebte. Hier pflegte er Umgang mit einer Reihe bekannter Künstler und Schriftsteller seiner Zeit, darunter Thomas Mann.

Über die Imbergstiege erreicht man zuerst das barocke St. Johannes-Kirchlein, ehe man vor dem mächtigen **Kapuzinerkloster** steht. Das Kloster wurde zusammen mit St. Johannes zwischen 1599 und 1602 erbaut, wiederum auf Initiative von Erzbischof Wolf Dietrich von Raitenau, der neben den Franziskanern die Kapuziner als zweiten Bettelorden nach Salzburg geholt hatte. Auch wenn die Kirche im Barockstil errichtet wurde, ist sie im Inneren entsprechend den Vorstellungen des Ordens vom einfachen Leben sehr schlicht gestaltet. Ein interessantes Detail ist die gotische Kirchentür von 1450, die vom alten Dom stammt.

Vor dem Kloster, dort wo sich die beiden Wege aus der Altstadt treffen, auf der sogenannten **Kanzel**, eröffnet sich ein **Panoramablick auf die Salzach, die Stadt und die Festung** vor der mächtigen Alpenkulisse im Hintergrund. Folgt man dem **Naturlehrpfad** weiter gipfelwärts – der Hügel ist 638 m hoch –, kommt man an zwei weiteren lohnenden Aussichtspunkten vorbei: der „bayerischen

EXTRATIPP

Ausflugsziel Franziski-Schlössl

Wer möchte, kann nach der Stadtaussicht dem Naturlehrpfad weiter bergauf folgen. Man erreicht am nördlichen Endpunkt der alten Befestigungsmauer das 1629 unter Fürsterzbischof Paris Lodron erbaute Franziski-Schlössl (s. S. 23). Ursprünglich hatte es der Dombaumeister Santino Solari als Wehrbastion errichtet, 1849 wurde es zum Gasthaus umgebaut und damit zum beliebten Ausflugsziel. Heute werden im Wirtshaus (mit Gastgarten) Jausen wie Kapuzinerbergkäsebrot oder Grammelschmalz mit Kren (Meerrettich) und Brot serviert (Mi.–So. 10–19 Uhr, www.franziskischloessl.com), am Sonntagmittag gibt es auch warme Küche.

Aussicht" (573 m) und der „Stadtaussicht" (608 m). Wie die Namen andeuten, blickt man vom ersten Punkt Richtung Westen bzw. nach Bayern, während die Stadtaussicht Stadt und Alpen einschließt.

㉕ KLOSTER UND KIRCHE IN MÜLLN ★ [H5]

Mülln liegt nordwestlich der Altstadt auf der linken Salzach-Seite zwischen dem Mönchsberg und der Eisenbahnlinie Richtung Bayern. Es gibt zwei Möglichkeiten, Kloster, Brauerei und Kirche in Mülln zu erreichen: Entweder folgt man von der nördlichen Altstadt aus der Gstättengasse (später der Müllner Hauptstraße) in nördlicher Richtung und biegt in die Augustinergasse ab. Alternativ erreicht man Kirche und Kloster am Endpunkt eines Spaziergangs über den Mönchsberg. Vom MdM ⓱ geht es entlang dem Teerweg „Mönchsberg" Richtung Norden – oder aber auf einem Wanderpfad, Teil des europäischen Weitwanderwegs E 10, der oberhalb der MdM-Skulpturenterrasse beginnt und entlang der Mönchsbergkante ebenfalls nach Norden führt. Beide treffen an der Nordflanke des Mönchsbergs an der sogenannten Humboldt-Terrasse aufeinander. Von hier sind es nur noch wenige Schritte hinunter zur Müllner Stadtpfarrkirche.

Die **Kirche** war 1450 als gotischer Saalbau errichtet worden. Im 17. Jh. folgte eine erste Erweiterung, zwischen 1735 und 1739 eine groß angelegte Umgestaltung im Barockstil. Sehenswert ist der **barocke Hochaltar** des Wiener Künstlers Vinzenz Fischer von 1758/60 mit dem spätgotischen Gnadenbild „Unsere Liebe Frau von Mülln" (1453). Diese Madonna

KLEINE PAUSE

Erfrischendes Klosterbier

Ein guter Grund, den Weg nach Mülln einzuschlagen, ist die **Augustiner Bräu Gaststube** (s. S. 25) mit zugehörigem Biergarten. Hier kann man eine Jause oder Brotzeit (Selbstbedienung oder auch mitgebracht) in einer der gemütlichen Bierhallen oder im Freien genießen und dazu den Durst mit süffigem Klosterbier stillen. Die Brauerei wurde 1621 von Augustinermönchen gegründet und noch heute wird das Bier – Märzen, Fasten- und Bockbier als beliebteste Sorten – vom Holzfass in Steinkrüge ausgeschenkt.

war bis ins 16. Jahrhundert hinein Ziel zahlreicher Wallfahrten.

Das **Kloster** selbst entstand im frühen 17. Jahrhundert 1605 hatte Erzbischof Wolf Dietrich Augustinermönche aus Bayern nach Salzburg berufen und 1607–1614 wurde am Nordabhang des Mönchsbergs das Kloster errichtet, in dem die **Mönche schon ab 1621 Bier brauten**. Während das Kloster im 19. Jahrhundert geschlossen wurde, übergab Kaiser Ferdinand der Gütige die Kirche den Benediktinern von Michaelbeuern, die Brauerei existierte zwischenzeitlich weiter.

Der Verfall des Klosters konnte dadurch verhindert werden, dass Ende des 19. Jahrhunderts darin eine Brauereigaststätte Augustiner Bräu (s. S. 25) eröffnete, die im frühen 20. Jahrhundert großzügig erweitert wurde. Mehrfach umgebaut, handelt es sich heute um die **größte Biergaststätte Österreichs** mit zahlreichen Imbissständen, einem zentralen Ausschank und einem großen Biergarten (siehe „Kleine Pause").

044 sb Abb.: mb

㉖ STIEGL-BRAUWELT, DIE „ERLEBNISBRAUEREI" ★★ [E8]

Die Stiegl-Brauwelt gleicht einer Entdeckungsreise durch die jahrtausendealte Geschichte des Biers und durch die jahrhundertealte der Brauerei. In der ehemaligen Mälzerei, dem ältesten Gebäudeteil der Brauerei, hat man auf mehreren Ebenen und einer Fläche von insgesamt 3500 m² ein ungewöhnliches, überaus interessantes und interaktives Brauereimuseum eingerichtet.

Schon seit 1492 – die erste urkundliche Erwähnung der Brauerei – wird bei Stiegl, inzwischen Österreichs größte Privatbrauerei, Bier gebraut. Quasi als Dank an seine treuen Kunden hat Stiegl im alten Brauereigebäude Europas größte „Bier-Erlebniswelt" eingerichtet.

EXTRATIPP

Jazz am Gärbottich
Ende Oktober/Anfang November lockt der **Salzburger Jazz-Herbst.** Mitgesponsort von der Brauerei Stiegl treten elf Tage lang internationale Jazzstars auf verschiedenen Bühnen in der Stadt und in Stiegl's Brauwelt auf (Infos: www.jazz-herbst.at).

Die Besichtigung der „Erlebnisbrauerei" beginnt in der **Schau-Brauanlage** mit Tanks und Gärbottichen, die auch für Brauer-Workshops und Bierseminare genutzt wird. Hier gibt es höchst instruktive Schautafeln, dazu Originalzubehör und Multimedia-Terminals. Die verschiedenen Stufen der Herstellung werden beschrieben, man erfährt Wissenswertes über die Zutaten Brauwasser, Gerste, Hopfen und Malz und kann sie riechen, schmecken und anfassen.

In der ehemaligen Darre mit historischen Gerätschaften – hier wurde einst der Malz getrocknet – geht es um unterschiedliche Aspekte des Brauens und um die Bedeutung des Biers im Laufe der Zeiten. Es folgt im Stockwerk darunter eine Einführung in die „Welt des Biers" mit Infos zum Brauen rund um den Globus. Zudem kann hier der **größte Bierturm der Welt**, bestehend aus zahllosen Biergläsern und -krügen, bestaunt werden. Alte und neue Reklame, Plakate und Zubehör geben einen vielseitigen Einblick auch in die **werbetechnische Entwicklung des Biers.** Auch die Rolle des Biers in der Kunst wird anhand einiger Kunstwerke dargestellt.

Am Ende des Rundgangs steht im ersten Stock das „Stiegl-Museum", in dem die mehr als 500 Jahre alte Brautradition bzw. die Geschichte der Firma im Fokus steht. Neben Originaldokumenten zu Stiegl finden sich Werbeposter, Etiketten, Flaschen, aber auch zahlreiche Sammlerstücke und einige historische (Bier-)Fahrzeuge.

Krönender Abschluss eines Besuchs in der Erlebnisbrauerei ist

◀ *Entdeckungsreise durch viele Jahrhunderte Braugeschichte in der Stiegl-Brauwelt*

SALZBURGER BIERBRAUER

„Bei manchem Bräuer aber findet man so kraftloses Bier, dass die Regentropfen ... eine bessere Kraft in sich haben", so schimpfte im 17. Jahrhundert der im Allgäu geborene volkstümliche und lautstarke Prediger Abraham a Santa Clara über die lokalen Brauereien. Ob er damit auch die Salzburger Brauereien im Visier hatte, ist nicht überliefert.

Die 1492 erstmals urkundlich erwähnte Stiegl-Brauerei gab es damals auf alle Fälle schon – und sie steht bis heute größenmäßig an der Spitze der Salzburger Bierbrauer. Die erste Brauerei im Salzburger Land, die man urkundlich nachweisen kann, ist Hofbräu Kaltenhausen in Hallein, 1475 erstmal dokumentiert. Doch man stößt immer wieder auf Hinweise, dass bereits vorher Bier gebraut wurde. So mussten die Bauern im 12. Jh. von ihrem gebrauten Bier an die Bischöfe „deri Saum Bier" abtreten und 1210 ist beurkundet, dass das Stift St. Peter ❸ eine Bierspende für Arme eingerichtet hat. Im Spätmittelalter soll es allein in der Stadt Salzburg über 30 Brauereien und Bierausschankstuben gegeben haben – und um das Jahr 1644 sollen es sogar 95 gewesen sein! Dabei teilten sich die Brauereien in vier Bereiche auf: bäuerliche, klösterliche, bürgerliche und höfische/adelige.

*So vielseitig ist die **Salzburger Bierszene** heute nicht mehr. Aber es gibt immer noch eine Reihe von Brauereien in der Stadt, angeführt von der traditionsreichen Großbrauerei Stiegl, gefolgt von mittelgroßen wie dem Augustiner Bräu Kloster Mülln, Trumer Bier oder der Weißbierbrauerei „Die Weiße" und Kleinbrauereien wie s'Kloane Brauhaus (s. S. 26) oder das Brauhaus Gusswerk (s. S. 28). Über die lange Geschichte des Brauwesens in Salzburg kann man sich vorweg in der Stiegl-Brauwelt informieren, um sich dann anschließend selbst „praktisch" ein Bild zu verschaffen.*

*Neben dem Stiegl-Keller und dem Augustiner Bräu lohnt für Freunde des Weißbiers die **Spezialbrauerei „Die Weiße"** (s. S. 25), zumal auch sie auf eine lange Tradition zurückblicken kann. Im Jahr 1900 tauchte der deutsche Brauer, Abenteurer und Großwildjäger Adelbert Behr mit seiner Frau Kreszenzia aus Südafrika wieder in seiner Heimat München auf. Er wollte eine Brauerei eröffnen, doch war er den Behörden in München suspekt und so ging er nach Salzburg und gründete dort nach der Genehmigung durch den Magistrat eine Weißbierbrauerei. Schon damals wurde das Weißbier in 0,5-l-Bügelverschluss-Flaschen mit einem einfachen isobarischen Füller, also drucklos, abgefüllt. Noch heute gibt es diese Flasche, die von Hand verschlossen wird und anschließend für ca. 10 bis 14 Tage ins sogenannte Warmlager zur Nachreifung kommt.*

die gemütliche „Stiegl's Braustube" im Erdgeschoss. Hier kann man die mit dem Eintrittsticket erhaltenen Gutscheine für eine **Bierverkostung** einlösen und sich dazu an der Selbstbedienungstheke eine Jause kaufen. Und wer möchte, kann sich in „Stiegl's Braushop" mit Bierkrügen, Kochbüchern oder anderen Souvenirs eindecken.

> Bräuhausstr. 9, Tel. 83871492, www.brauwelt.at, tgl. 10–17 Uhr, im Sommer 10–19 Uhr, 9 € (inkl. Proben und Souvenir). In der „Bier-Erlebniswelt" finden außerdem Bierseminare, Veranstaltungen, Degustationen u. v. m. statt.
> **Anfahrt:** mit der Buslinie 1 (ab Hanuschplatz/Staatsbrücke) bis Haltestelle „Bräuhausstraße", dann kurzer Fußweg.

㉗ HANGAR 7 ★ ★ ★ [C8]

Name und Lage täuschen etwas, denn es handelt sich beim Hangar 7 beileibe nicht nur um eine funktionale Flugzeughalle. Die Hauptgebäude des Salzburg Airport liegen zwar direkt gegenüber, doch Hangar 7 ist ein multifunktionales Gebäude, das Museum, Kunstgalerie, Veranstaltungsort, Gastronomie- und Erlebnisstätte unter einem Dach vereint.

Im Hangar dreht sich alles um das Thema Fliegen – kein Wunder, ist es doch das heiß geliebte Hobby des Red-Bull-Erfinders Dietrich Mateschitz. Der Hangar war zunächst als Art Garage für die umfangreiche Flugzeug- und Autosammlung des Eigentümers der Firma Red Bull gedacht, es wurde dann jedoch weit mehr daraus.

Der begeisterte Flugzeugsammler Mateschitz hat über die Jahre **eine ganze Armada an Maschinen zusammengebracht,** die zum Teil die firmeneigene Flugzeugflotte, die sogenannten Flying Bulls, bilden. Neben Flugzeugen, die die Firma im normalen Geschäftsreiseverkehr einsetzt, gehören auch **historische Maschinen** dazu, unter anderem eine Douglas DC–6B, einst im Besitz des jugoslawischen Präsidenten Tito, eine Pilatus PC–6, einige ehemalige Militärmaschinen vom Typ Alpha Jet, ein B–25 Bomber, zahlreiche Hubschrauber und andere Fluggeräte aus der Privatsammlung Matschitzs.

Neben diesen Flug-Oldtimern gibt es **Rennwagen und Motorräder –**

045sb Abb.: mb

zumeist von den von Red Bull gesponsorten Rennställen – und **regelmäßig Kunstausstellungen** mit Werken verschiedener österreichischer und internationaler Künstler zu sehen. Der nebenan gelegene, nicht öffentlich zugängliche Hangar 8 dient für jene Flieger, die gerade nicht ausgestellt sind, als Parkplatz und Wartungshalle.

Seit seiner Eröffnung im Jahr 2003 ist der Hangar 7 nicht nur zum Mekka für Flugzeug- und Motorsportfreunde geworden, sondern stellt zugleich ein **architektonisches Highlight Salzburgs** dar. Der Salzburger Architekt Volkmar Burgstaller hat den **spektakulären Glas-Stahl-Bau**, der zum modernen Wahrzeichen der Stadt geworden ist, entworfen. Die 1200 t schwere Stahlkonstruktion trägt etwa 1750 Glasplatten, die ihrerseits 380 t wiegen. Im Inneren erreicht die stützenfreie Konstruktion eine Höhe von 14,5 m und soll das Himmelsgewölbe symbolisieren. Von außen betrachtet skizziert der Hangar 7 einen Flugzeugflügel.

Abgesehen von zwei Bars und einem Lounge-Café gibt es das Toprestaurant Ikarus. Die originelle **Threesixty Bar** (tgl. ab 18.30, Fr./ Sa. bis 3 Uhr) hängt spektakulär in einer freischwebenden Schale unter dem Dach. Sie ist über einen „Skywalk" erreichbar, durch ihren Glasboden erlebt man die Flugzeugflotte aus der Vogelperspektive. Neben dem ganztägig geöffneten **Carpe Diem Lounge-Café** im Erdgeschoss (gleich am Eingang, kleine Gerichte aus aller Welt und bekannt fürs Frühstück, tgl. 9–19 Uhr) bietet die (rauchfreie) **Mayday Bar** (tgl. 18.30–2 Uhr, Fr./Sa. bis 3 Uhr) viel virtuelles Hightech, brillante Cocktails und Bentoboxen (japanische Lunchboxen) – hier trifft sich die junge Schickimickiszene von Salzburg.

Auch in kulinarischer Hinsicht hat sich der Hangar 7 einen Namen gemacht. Das **Restaurant Ikarus** wird **betreut von Eckart Witzigmann,** der hier ein einzigartiges **Gastkochkonzept** eingeführt hat. Jeden Monat ist ein anderer internationaler Spitzenkoch für das Menü des Restaurants verantwortlich, daneben gibt es ein ebenfalls wechselndes Ikarus-Menü von Küchenchef Roland Trettl. Kreativität und Qualität der Küche haben sich herumgesprochen und mittlerweile muss man lange im Voraus reservieren, um einen der 40 Plätze des Lokals zu ergattern.

KLEINE PAUSE

Raschhofer's Rossbräu
Raschhofer's Rossbräu (s. S. 25) ist **eine der wenigen Kleinbrauereien in Salzburg,** deren Brauereigasthof Teil des Einkaufszentrums Europapark ist. Gegründet wurde die Privatbrauerei Georg Raschhofer in Altheim im Innviertel um 1645, seit 1777 befindet sie sich in Familienbesitz. Spezialität ist das Raschhofer Zwicklbier, ein naturtrübes, unfiltriertes Bier, daneben wird u. a. auch Märzen, helles und dunkles Weizen oder Pils angeboten. In dem viel besuchten Brauereigasthof gibt es zum Bier preiswerte Jausen und österreichische (und internationale) Schmankerl, die bei schönem Wetter auch auf der großen Sonnenterrasse serviert werden. An Samstagabenden stehen von Zeit zu Zeit Livekonzerte auf dem Programm, außerdem finden regelmäßig Sportübertragungen auf Großbildschirmen statt.

> Wilhelm-Spazier-Str. 7 a, www.hangar-7. com, tgl. 9–22 Uhr, Eintritt frei
> **Anfahrt:** Mit Buslinie 2 (Flughafenbus) bis Haltestelle „Karolingerstraße", von hier sieht man den eigenwilligen Glasbau einige 100 m südwestlich. Alternativ mit dem Pkw über die Innsbrucker Bundesstraße (Richtung Flughafen) bzw. Autobahnausfahrt „Flughafen", dann in die Wilhelm-Spazier-Straße einbiegen (Parkplätze vor dem Hangar).

28 SCHLOSS HELLBRUNN ★ ★ ★

Es ist weniger das Landschloss selbst, das einen Ausflug vor die Tore von Salzburg zur Pflicht macht, sondern vielmehr seine Lage am Fuße des Hellbrunner Bergs und insbesondere die spektakulären Wasserspiele im Lustgarten des ausgedehnten Schlossparks.

Fürsterzbischof Markus Sittikus (im Amt 1612–19) ließ sich zwischen 1613 und 1619 als Fluchtort von den öden Alltagsgeschäften im Süden der Stadt ein kleines Lustschloss, eine **villa suburbana** nach italienischem Vorbild, von einem weitläufigen Park umgeben, errichten. Bereits 1616 fand im Hellbrunner Steintheater (auf dem Hellbrunner Berg) die **erste Opernaufführung auf deutschem Boden** – „L'Orfeo" von Monteverdi – statt, einen Monat vor Fertigstellung der Bauarbeiten (1619) starb Markus Sittikus. Die Besitzverhältnisse wechselten später mehrfach, 1816 wurde Salzburg und damit Hellbrunn dem habsburgischen Österreich einverleibt und seit 1922 befindet sich Hellbrunn im Besitz der Stadtgemeinde Salzburg.

Verantwortlich für das Gesamtkunstwerk war der Baumeister des Salzburger Doms ❺, der Italiener Santino Solari. Er schuf einen Palast, der **zu den schönsten Beispielen manieristisch-barocker Architektur nördlich der Alpen gehört,** und plante die ausgedehnten Parkanlagen. Teil der Inszenierung war die kilometerlange, schnurgerade **Hellbrunner Allee,** die man früher prächtig in der vierspännigen Kutsche befuhr, während man sich heute per Fahrrad oder zu Fuß nähert. Damals wie heute entrann man so dem Trubel (des Hofes) in Salzburg, fuhr durch ruhige, beschauliche Landschaft und konnte Abstand gewinnen. Heute gilt die 1613–15 angelegte Hellbrunner Allee zudem als die **älteste erhaltene Allee der Welt.** Zunächst sieht man allerdings gar nicht, wohin die Reise geht, denn die Allee zielt bewusst am Schloss vorbei. Erst kurz vor dem Ziel macht die Straße eine scharfe Rechtskurve – und plötzlich steht man unvermittelt vor dem Schloss und dem insgesamt 63 Hektar großen Lustgarten.

Das Schloss

„Oh welch schönen Rückzugsort, welche Anmut, welch Entzücken, welch kleines irdisches Paradies …", schwärmte schon Domenico Gisberti (1635–1677), Sekretär und Hofpoet am bayerischen Hof, nach einem Besuch in Schloss Hellbrunn. Und ähnlich euphorisch äußern sich auch heute noch die unzähligen Besucher. Überraschend ist, dass nicht nur das Schloss in exzellentem Zustand ist, sondern auch die Wasserspiele noch immer tadellos funktionieren. Die Fürsterzbischöfe hatten bereits früh den Park der breiten Öffentlichkeit zugänglich gemacht, die Stadt Salzburg eröffnete es nach dem Erwerb 1922 als Museum und Stadtpark.

Um den geschlossenen Ehrenhof herum sind symmetrisch Nebengebäude angeordnet, das besichtigbare

04sb Abb.: sh

Schloss befindet sich rechts vom Eingang. Im Inneren bietet es zwar keine Originalmöblierung mehr, dafür aber **sehenswerte Fresken** sowie Kunstwerke und wertvolle chinesische Papiertapeten. Höhepunkt ist der **Festsaal**, der um 1615 mit manieristischen Fresken mit allegorischen Darstellungen von Arsenio Mascagni (ca. 1579–1637) ausgestattet wurde. Beachtlich ist außerdem das **Oktogon**, ein prächtig ausgemalter achteckiger Raum, in dem auch der Bauherr selbst im Bild festgehalten ist. Des Weiteren gibt es auf der Audiotour ein Fisch-, ein Vogel- und ein Eckzimmer zu sehen.

Die Wasserspiele

„Das Geschrei der Weiber, das Gelächter der Männer, die selbstgefällige Miene des Brunnenmeisters …" – noch heute trifft die Beschreibung der Wirkung der Wasserspiele von Stephan Ludwig Roth aus dem Jahr 1845 zu. Diverse „Wasserautomaten" machen das Schloss zu einem einzigartigen Denkmal, weswegen man es zu Recht als **„Vergnügungspark des Barock"** bezeichnen kann.

Heute spazieren rund 450.000 Menschen pro Jahr über das Gelände und kommen aus dem Staunen nicht heraus. **Überraschungen sind vorprogrammiert:** Spontan einsetzende Wasserfontänen aus Boden oder Wänden in den Grotten oder auch „Beschuss" aus frei stehenden Brunnenanlagen hatten einst vor allem die Funktion, Gastgeber und Gäste zu erheitern. Dank der obligatorischen Führungen verstehen jedoch auch moderne Besucher, dass sich hinter den unglaublichen Wassermaschinen, den

▲ *Überaus lustig, interessant und beeindruckend zugleich: die Wasserspiele von Schloss Hellbrunn*

Grotten und Brunnen nicht nur Spaß und technisches Kunsthandwerk allein verbergen, sondern dass solche Effekte auch aufrütteln und eine intellektuelle Herausforderung darstellen sollten.

Das eigentlich Besondere sind die **fünf hochkomplizierten Wasserautomaten**, deren Figuren und Gegenstände von Wasserkraft, über Zahnräder und Wasserrad, angetrieben werden. Sie geben teils sogar Geräusche von sich. Diese weltweit einzigartigen Konstruktionen gehen auf antike Traktate, z. B. von Heron von Alexandrien, zurück. Die Figuren stehen **in fünf kleinen Grotten** entlang dem sogenannten Fürstenweg, das verantwortliche Pumpwerk ist in einem Tuffhügel am Weganfang verborgen und ein schmaler Wasserkanal folgt dem Weg.

Wechselweise sind **weltliche und mythologische Szenen** angeordnet. In der ersten Grotte steht der Schleifer mit Frau und Kind beim Tagewerk, es folgt Apollo, der Marsyas bestraft, dann ein Müller bei der Arbeit. In Grotte 4: Perseus und Andromeda, nackt an den Fels gefesselt, Grotte 5 zeigt einen Töpfer in seiner Werkstatt. Was so spielerisch wirkt, darf auch als Machtdemonstration des Markus Sittikus verstanden werden: Er zeigte mit diesem Meisterwerk der Mechanik und Hydraulik, wozu seine Ingenieure – ein Frater Gioachino wird in Rechnungen als Brunnmeister erwähnt – fähig sind und wie er sich das Element Wasser untertan macht.

Die **Grotten** boten eine andere Form der **Belustigung für die Hofgesellschaft**. Im Licht flackernder Kerzen wandelte man durch fünf Grotten unter dem Palast (Neptun-, Ruinen-, Muschel-, Spiegel- und Vogelsanggrotte) und ist noch heute erstaunt über die Gestaltung – z. B. wird bei der Ruinengrotte der Eindruck völliger Zerstörung künstlich erzeugt – und die technischen Finessen, z. B. das Vogelgezwitscher in der Vogelsanggrotte, das durch ein wasserbetriebenes Orgelwerk hervorgerufen wird. In der Neptungrotte erschreckt das „Germaul", eine wasserbetriebene Fratze, die die Augen rollt und ihre Zunge herausstreckt.

Im Zentrum des **römischen Theaters** steht der **steinerne Fürstentisch**, in dessen Mitte ein langer Schacht zur Kühlung des Weins eingelassen war. Allerdings sind in den Hockern Wasserröhrchen eingebaut, die zur Belustigung des Hausherrn allzu verfressenen Gästen abrupt zu etwas Bewegung verhalfen. Verspielt wirkt hingegen die **Venusgrotte** mit der Liebesgöttin auf einem

047sb Abb.: mb

wasserspeienden Delfin. Ein Wasserstrahl hält in der **Midas- oder Kronengrotte** eine Krone in der Balance, in der Grotte selbst spritzt es dann wieder aus allen Wandnischen.

Auch bei den **Brunnen** spielt die griechische Mythologie die Hauptrolle: Eurydike, Poseidon, Akteon und die Jagdgöttin Artemis. Der Brunnen Altemps an der Rückseite des Schlosses mit dem Sternweiher, einem Wasserbecken mit sieben ausgreifenden Zacken und prächtigen Mosaiken wird gespeist von einer natürlichen Quelle.

Genial für die damalige Zeit mutet das ebenfalls wasserbetriebene **imposante mechanische Theater** an. Es wurde als jüngste Attraktion unter Erzbischof Andreas Jakob Graf Dietrichstein 1747–52 von dem Bergarbeiter Lorenz Rosenegger aus Dürrnberg konstruiert. Vor einem turmartigen Palast spielt sich das höfische Leben ab, das Gebäude gibt Blicke ins Innere frei und **141 bewegliche und 52 unbewegliche Figuren beleben die Szene,** üben ihr Handwerk aus und bevölkern die Straße. Die gesamte Technik mit Wasserrädern, Kupferdrähten und Zahnrädern befindet sich hinter dem Theater. Um den Lärm der Mechanik zu übertönen, wurde ein Orgelwerk eingebaut, das heute drei Musikstücke abspielt (darunter Mozart).

Park und weitere Sehenswürdigkeiten

In dem weitläufigen barocken Schlosspark befinden sich zwar keine Wasserspiele mehr, doch wird er als **Perle der Gartenarchitektur** geschätzt. Der vielseitige Park ist Naherholungsgebiet, Sport- und Spielplatz, Botanischer Garten und Open-Air-Bühne in einem.

Über dem Torbogen vom Schlossbereich in den Garten steht: „Das Göttliche vereint sogar das Gegensätzliche." Nach diesem Prinzip konzipierte Markus Sittikus seinen Lustgarten zwischen 1613 und 1616. In den Jahren 1720 und 1735 fand eine tief greifende Umgestaltung im neuen französischen Hochbarockstil um das zentrale große Weiherbecken statt. Um 1790, zur Regierungszeit des Erzbischofs Hieronymus von Colloredo (1772–1803), wurde erneut zum Spaten gegriffen: Der nord- und südöstliche Teil der Umfassungsmauer fiel und ein **englischer Park,** also ein Naturpark, wurde angelegt, der bis heute die strenge Symmetrie des älteren Areals um die Teichanlagen kontrastiert.

Brunnen und Wasserspiele liegen am Fuß des **Hellbrunner Bergs.** Ein Pfad führt hinauf zu einem Schlösschen, das 1615 als Refugium des Erzbischofs abseits des Trubels erbaut wurde. Da sich der Bau angeblich nur einen Monat hinzog, nennt man es **Monatsschlössl.** Abgesehen von einem fantastischen Blick auf die Umgebung bis zur Festung ❶ birgt das Gebäude das sehenswerte **Volkskunde Museum.** Ausgestellt sind Sammlungsstücke der Volkskultur, der Volksfrömmigkeit und der Handwerkskunst, z. B. Hinterglasmalereien, bäuerliche Prunkmöbel, Keramik, Trachten oder historische Masken. Zudem wurde der Volksmusik eine eigene Abteilung gewidmet und es finden immer wieder interessante Sonderausstellungen statt.

◀ *Die Orpheusgrotte ist eine von vielen Grotten im Schlosspark*

LETZTE STATION EINES VIELGEREISTEN

Einen leichten Berufsstart hatte Markus Sittikus von Hohenems als neuer Erzbischof im Jahr 1612 nicht: Sein Vorgänger und Vetter Wolf Dietrich von Raitenau (s. S. 58), der die Stadt in eine einzige Baustelle verwandelt hatte und in der Festung einsaß, hatte einen Konflikt mit dem bayerischen Nachbarn, Herzog Maximilian, angezettelt und dieser wollte nun nicht nur die Kriegskosten ersetzt haben, sondern behauptete auch noch, dass der neue Erzbischof „auch nit gestudirt sey." Dennoch zeichnete dieser Mann, der angeblich nicht viel im Kopf hatte, für zwei markante Bauten verantwortlich: für den Dom-Neubau ❺ und für Schloss Hellbrunn.

Der 1574 in Hohenems geborene Markus Sittikus verlor schon als Vierjähriger seine Mutter. Der Hofkaplan seines Onkels Kardinal Carlo Borromeo, Bartolomeo Bedra, erzog den Knaben. Zusammen mit seinem Bruder Kaspar gelangte er 1582 nach Mailand an das Collegio dei Nobili und in die Obhut seines Kardinalsonkels Borromeo, der 1610 heilig gesprochen wurde. Der Onkel musste bei dem kleinen Markus Sittikus einen ebenso bleibenden Eindruck hinterlassen haben wie die streng katholische Erziehung: Markus wollte Geistlicher werden. Als „fromm, höflich und mit guten Manieren" bezeichneten ihn sein Erzieher Bedra und sein Lehrer Girolamo Mazza, die ihn 1584 nach Rom zu einem weiteren Onkel, Kardinal Marco Sittico Altemps, brach-

ten. In der „ewigen Stadt" studierte Sittikus ab 1585 am Collegium Germanicum und erhielt 1586 schon die vier niederen Weihen.

Alles schien nach Plan zu laufen, doch dann kehrte der Junge nach nur eineinhalb Jahren in seine Heimat zurück. Der verheimlichte Grund dafür dürfte die überraschende Wahl seines Vetters Wolf Dietrich 1587 zum Salzburger Erzbischof gewesen sein. Denn damit war dessen Kanonikat, die Domherrenstelle in Konstanz, frei geworden und um diese bewarb sich Markus Sittikus erfolgreich. Er setzte sein Studium an der Jesuitenuniversität in Ingolstadt fort und übernahm wenig später zusätzlich das Salzburger Kanonikat seines Vetters, der ja Erzbischof geworden war. 1589 wurde er schließlich auch noch Domherr in Augsburg. (Die Bekleidung mehrerer Domherrenstellen zur selben Zeit war durchaus nichts Ungewöhnliches, schließlich musste man nicht ständig am Ort weilen.)

1591 begann Markus Sittikus ein weiteres Studium in Bologna und 1593/94 weilte er in Spanien, am Hof in Madrid, um (erfolglos) offene Soldzahlungen für seinen 1587 verstorbenen Vater einzutreiben. Gerade dieses letzte Unternehmen zeigt die Reiselust des Markus Sittikus - und zugleich seine chronische Geldnot. Dabei griff ihm oftmals sein Vetter Wolf Dietrich die Arme, gewährte ihm eine Monatsrente und ernannte ihn zum diplomatischen Vertreter Salzburgs an der Ku-

---

❯ **Hellbrunn – Schloss und Wasserspiele,**
Fürstenweg 37, Hellbrunn, Tel. 8203720,
E-Mail: info@hellbrunn.at, www.hellbrunn.
at, mit Museumsladen und Gaststätte

❯ **Öffnungszeiten:** Schloss ist mit Audiotour individuell begehbar, die Besichtigung der Wasserspiele nur in geführten Touren (laufend, je nach

ie in Rom. Dort verkehrte Markus mit angesehenen Adelsfamilien wie den Aldobrandinis, in deren Villa in Frascati er wohl auch die berühmten Wasserspiele kennenlernte.

Nachdem sein Vetter Wolf Dietrich 1612 zur Abdankung als Salzburger Erzbischof gezwungen worden war, wählte das Domkapitel Sittikus - auch wegen dessen guter Kontakte zu Kardinal Aldobrandini - zu dessen Nachfolger. Es war sicher keine einfache Aufgabe für Markus, auf Geheiß Roms seinen Vetter Wolf Dietrich Raitenau weiter auf der Festung Hohensalzburg festzuhalten.

Noch im Jahr seiner Wahl ernannte Markus Sittikus Santino Solari (1576–1646), einen Oberitaliener, zum neuen Dombaumeister. Als im Jahr 1617 der Neubau gerade bis zum Dachstuhl gediehen war, starb Markus Sittikus überraschend. „Kaum zum Dache gelangt, musste ich schon in die Grube steigen", lautet seine Grabinschrift. An der Bauplastik der Domfassaden ist die Handschrift von Sittikus gut zu erkennen, denn überall taucht sein Wappen mit dem Hohenemser Steinbock und dem Salzburger Löwen, die sich umarmen, auf. Immerhin erlebte der viel Gereiste die nahezu endgültige Fertigstellung seines Schmuckstücks Hellbrunn noch. 1613 wurde ebenfalls Santino Solari mit dem Bau der „Villa Suburbana" von Hellbrunn betraut und einen Monat nach seinem Tod (1619) galt der Bau als komplett vollendet.

Besucheraufkommen), April/Okt./ 1. Nov. tgl. 9–16.30 Uhr, Mai/Juni/ Sept. tgl. 9–17.30 Uhr, Juli/Aug. 9–21 Uhr (ab 18 Uhr stündlich), 2. Nov.–Ende

März geschlossen, Park ganzjährig tgl. 6.30–mind. 17 Uhr

> **Eintritt:** 8,50 €, Kinder ab 4 Jahre 3,80 € (Schloss, Wasserspiele und Volkskundemuseum), Kombiticket mit Zoo 16 €
> **Volkskunde Museum** im Monatsschlössl Hellbrunn, April–Okt. tgl. 10–17.30 Uhr, 2,50 € (im Schlosseintritt inkl.), www.salzburgmuseum.at
> **Anfahrt:** Buslinie 25 bis Haltestelle „Schloss Hellbrunn" (in Salzburg Card enthalten, s. S. 100), von hier zu Fuß über den Fürstenweg zum Eingangsbereich. Mit dem Pkw über Morzger Straße oder Alpenstraße, Parkplätze finden sich entlang dem Fürstenweg.

29 ZOO SALZBURG ★

Der heutige Zoo Salzburg geht auf den 1424 angelegten **erzbischöflichen Wildpark** zurück. Dieser war beim Bau des Schlosses Hellbrunn in das Gesamtkonzept der Anlage integriert worden. Im Lauf der Jahrhunderte geriet er weitgehend in Vergessenheit, sodass 1807 die noch verbliebenen seltenen Tiere nach Wien gebracht wurden.

1960 erfolgte die Neugründung des Salzburger Tiergartens Hellbrunn, doch finanzielle Probleme führten dazu, dass er 1972 fast schon wieder schließen musste. Zum Glück übernahmen damals Stadt und Land Salzburg die Trägerschaft und man erarbeitete ein neues Konzept. 1990 kam dieses dann mit der Einrichtung dreier geografischer Großabteilungen zum Tragen: Eurasien, Südamerika, Afrika.

Heute lockt die **einmalige Zoolandschaft am Hellbrunner Berg** mit der steilen Felswand auf der einen Seite und den hügeligen Ausläufern in die Auenlandschaft auf der anderen

Seite die Besucher an. Das Areal ist das Zuhause von rund 800 Wildtieren. Sowohl einheimische wie auch zahlreiche exotische Tierarten – vom Alpensteinbock bis zur Zebramanguste – leben auf dem rund 14 Hektar großen Gelände in **naturnahen, großzügig proportionierten Gehegen.** Weltberühmt sind die frei lebenden Gänsegeier, bei deren Fütterung man die rund 2,5 m Flügelspannweite der imposanten Aasfresser hautnah bewundern kann.

> Anifer Landesstr. 1, im Stadtteil Anif, Tel. 820176, www.salzburg-zoo.at, tgl. 9–17 Uhr, im Winter 9–16 und im Juli/Aug. 9–18.30 Uhr, Nachtzoo Fr./Sa. im August bis 23 Uhr (letzter Einlass 21.30 Uhr), Eintritt 9 €, Kinder 4–14 Jahre 4 €, auch Kombitickets mit Schloss Hellbrunn für 16 € bzw. 7,20 € (Kinder) erhältlich

> **Anfahrt:** Buslinie 25 bis „Zoo Salzburg" (in Salzburg Card enthalten, s. S. 100), von hier ca. 4 Minuten zum Eingang. Mit dem Auto wie Anfahrt zum Schloss Hellbrunn **28** .

Wohin sonst noch?

Die günstige Lage Salzburgs zwischen Voralpenland und Hochgebirge macht das ganze Jahr über zahlreiche Ausflüge zu Zielen im näheren oder ferneren Umkreis der Stadt möglich. **Dieter Buck** liefert in seinem Regionalführer „Salzburg und Salzkammergut" (Reise Know-How Verlag) eine ausführliche Beschreibung des gesamten Salzburger Umlands. Nachfolgend in aller Kürze ein paar Tipps für lohnende Ausflüge:

> **Gaisberg,** mit seinen knapp 1300 m der Salzburger Hausberg, etwa 10 km im Osten gelegen, mit Buslinie 151 erreichbar

> **Keltenmuseum Hallein,** Pflegerplatz 5, 5400 Hallein, www.keltenmuseum.at, tgl. 9–17 Uhr, 6 €. Dieses rekonstruierte Keltendorf gibt Antwort auf die Frage: Wie lebten die Menschen vor über 2500 Jahren am Dürrnberg?

> **Salzwelten Hallein,** Ramsaustr. 3, 5422 Bad Dürrnberg, www.salzwelten.at, April–Okt. 9–17 Uhr, Nov.–März 10–15 Uhr, stündl. Touren, 17 €. Das Salzbergwerk auf dem Dürrnberg bei Hallein gibt Infos über die 2500-jährige Geschichte des weißen Goldes. Einfahrt mit der Grubenbahn, Stollengänge zum Erkunden, Floßfahrt über einen unterirdischen Salzsee und Wissenswertes zu Wolf Dietrich von Raitenau, der den Salzhandel

forcierte und den „nassen Abbau" (durch Wasser herausgelöstes Salz) einführte.

> **Salzburger Freilichtmuseum,** Hasenweg, 5084 Großgmain, www.freilichtmuseum.com, Mitte März–Anfang Nov. Di.–So. 9–17/18 Uhr, Juli/Aug. tgl. 9–18 Uhr, 8,50 €. Hier werden sechs Jahrhunderte bäuerlichen Lebens im Salzburger Land anschaulich gemacht.

> **Salzwelten Hallstadt,** Salzbergstr. 21, 4830 Hallstatt, www.salzwelten.at, Ende April–Anfang Nov. tgl. 9.30–15/16.30 Uhr, Salzbergbahn 9–16.30/18 Uhr, 22 €. Besuch im ältesten Salzbergwerk der Welt, in dem man Interessantes zu 7000 Jahren Salzabbau erfährt.

> **Untersberg** (1853 m), erreichbar mit der „Untersbergbahn" (Seilschwebebahn), www.untersbergbahn.at, 19 € für Berg- und Talfahrt, tgl. mind. 9–16 Uhr

SalzburgerLand Card

Ähnlich wie die Salzburg Card (s. S. 100) gibt es auch mit der **SalzburgerLand Card** freien Eintritt in viele Sehenswürdigkeiten, außerdem weitere Rabatte. Sie kostet für 6 Tage 43 €, für 12 Tage 52 € und gilt von Anfang Mai bis Ende Oktober.

> **Infos:** Salzburger Land, Postfach 1, A–5300 Hallwang, Tel. 0662 668844, www.salzburgerlandcard.com

PRAKTISCHE REISETIPPS A–Z

005sb Abb.: mb

Salzburg liegt nicht einmal 10 km jenseits der Grenze zu Bayern und Deutschland. Man spricht einen deutschen Dialekt, bezahlt mit dem Euro und gehört zur EU. Dennoch gibt es einige Besonderheiten, die man kennen sollte. Beispielsweise ist es interessant zu wissen, ob man in der Stadt ein Auto braucht, welche Anlaufstellen es gibt, wer in Notfällen hilft, welche Unterkünfte sich anbieten, welche Touren interessant sind. Auf diese und ähnliche Fragen sollen die folgenden Seiten mit Praktischen Reisetipps von A bis Z Antworten und Hinweise geben.

AN- UND RÜCKREISE

MIT DEM AUTO

Von Frankfurt nach Salzburg sind es rund 540 Autobahnkilometer, von München lediglich 140. Von München ist die **Autobahn A8** die schnellste – wenn auch konstant staugefährdete – und direkte Verbindung nach Salzburg. Die A8 geht am Autobahnknoten Salzburg im Südwesten bei Piding in die österreichische A1 über, die als Ring- oder West-Autobahn die Stadt im Norden im Halbkreis umrundet und weiter Richtung Wien führt. Vom erwähnten Autobahnknoten Salzburg zweigt zudem die A10, die Tauernautobahn, Richtung Süden (Klagenfurt) ab. (Zu Verkehrsregeln und Maut siehe Abschnitt „Autofahren".)

MIT DEM ZUG

Salzburg liegt an der **Ost-West-Hauptstrecke zwischen München und Wien.** Daher verkehren fast halbstündlich Züge, ob EC, ICE oder Regionalbahn. In Deutschland bieten sich als Tickets Surf&Rail International oder der Sparpreis 25/50 Europa, SparNight und CityNightLine sowie Autoreisezüge an.
> **Infos und Buchung:** www.bahn.de. Zu den Angeboten der Österreichischen Bahnen (ÖBB): www.oebb.at.

Der im Norden der Innenstadt gelegene **Salzburger Hauptbahnhof** gilt als wichtigster Verkehrsknoten im Westen Österreichs. Der einstige Grenzbahnhof ist heute Drehscheibe nach Bayern und Deutschland. Der Bahnhof entstand 1860 im Zuge des Baus der Westbahn, der Verbindung zwischen Wien und München, wurde nach 1900 teilweise zum Endbahnhof umgebaut und wird derzeit grundlegend umgestaltet. Er soll so seiner Rolle als Verkehrknotenpunkt an der Strecke München–Wien und als regionales Drehkreuz besser gerecht werden. Auch das derzeit wenig ansprechende Bahnhofsumfeld soll dann mit neuen Ladenpassagen und Lokalen an Attraktivität gewinnen.

Vom Hauptbahnhof erreicht man über die Rainerstraße in etwa zehn Gehminuten die Innenstadt am Mirabellplatz [J5]. Auch zahlreiche Buslinien (1, 2, 3, 5, 6, 25 und 840) fahren ins Zentrum zur Staatsbrücke bzw. zum Hanuschplatz [J6].

●**144** [J3] **Hauptbahnhof**, Südtiroler Platz

EXTRATIPP

Mit dem **Bayernticket** für derzeit 28 € kann man als Gruppe bis maximal fünf Personen bzw. allein für 20 € von jedem Ort in Bayern im Nahverkehrszügen nach Salzburg fahren. Gegebenenfalls ist der Erwerb eines zweiten Bayerntickets für die Rückfahrt, sofern man übernachten möchte, günstiger als eine reguläre Bahnfahrkarte.

Das Bahntarifsystem innerhalb Österreichs entspricht weitgehend dem deutschen, z. B. gibt es für Rundfahrten ein günstiges, für bis zu fünf Personen gültiges **Einfach-Raus-Ticket** (ähnlich den deutschen Regional- bzw. Wochenendtickets) für 28 €. Es gilt in den Regionalzügen der ÖBB.

MIT DEM FLUGZEUG

Austrian Airlines (www.aua.com) und Lufthansa (www.lufthansa.com) fliegen von zahlreichen deutschen Flughäfen nach Salzburg (SZG), außerdem Air Berlin (www.airberlin.com) ab Berlin-Tegel, Düsseldorf, Hamburg, Köln-Bonn und direkt ab Nürnberg. Von Schweizer Flughäfen aus bedient vor allem Swiss Salzburg (www.swiss.com).

Der **Salzburg Airport W. A. Mozart** [A8] liegt nur 4 km westlich vom Stadtzentrum und hat einen eigenen Autobahnanschluss zur Westautobahn A1 (Richtung Wien/Budapest bzw. München über A8) sowie zur Tauernautobahn A10 (Richtung Kärnten-Villach, Italien).

Am günstigsten gelangt man mit der **Buslinie 2 zum Hauptbahnhof Salzburg** (tagsüber alle 10 Minuten, sonst alle 20 Minuten). Die Fahrzeit vom Bahnhof zum Flughafen beträgt etwa 20 Minuten, der Preis 2 € für Erwachsene, 1 € für Kinder. Fahrkarten gibt es am Automaten, beim Busfahrer oder in der Trafik „Newscorner" am Flughafen. Dort gibt es auch 24-Stunden- und Wochenkarten. Taxis bringen Besucher für rund 8 € in die Innenstadt.

❯ Innsbrucker Bundesstr. 95,
   Tel. 85800, Flugauskunft Tel. 8580251,
   Ticketcenter Tel. 85802571,
   www.salzburg-airport.com

AUTOFAHREN

In Salzburg braucht man eigentlich weder ein eigenes Auto noch einen Mietwagen. Zum einen ist das Stadtzentrum nicht allzu groß, zum anderen gibt es einen gut ausgebauten öffentlichen Nahverkehr. Hinzu kommt, dass sich das **Parken** in der engen Innenstadt schwierig gestaltet bzw. man auf relativ teure Parkplätze und -garagen angewiesen ist. Lediglich wer Ausflüge z. B. nach Schloss Hellbrunn oder ins weitere Umland plant, ist mit einem Pkw gut bedient, allerdings sollte man das Auto während des Stadtaufenthalts besser im Hotelparkhaus stehen lassen.

❯ **Autobahnvignette:** In Österreich sind alle Autobahnen und Schnellstraßen vignettenpflichtig (Klebevignette, erhältlich bei Automobilklubs sowie an Tankstellen und Postämtern im Grenzbereich, für 10 Tage 7,70 €, es gibt sie auch für drei Monate oder ein Jahr, www.vignette.at). Wer auf dem Weg nach oder durch Österreich eine Sondermautstrecke benutzt, z. B. die Pyhrn-, Tauern-, Brennerautobahn oder die Arlbergschnellstraße, muss gesondert eine routenabhängig unterschiedlich hohe Streckenmaut bezahlen (Mautabfertigungsautomat oder Videomautkarte).

❯ **Geschwindigkeitsbeschränkungen:** innerorts 50 km/h, außerorts 80 km/h, Autobahn 130 km/h

❯ **Wichtig:** In Österreich muss **ganztägig mit Abblendlicht** gefahren werden und herrscht **Warnwestenpflicht.** Die Blutalkoholgrenze liegt wie in Deutschland bei 0,5 ‰.

❯ **Parkgebühren Salzburg:** In den Altstadtgaragen im Mönchsberg o. a. Parkhäusern kostet die Stunde regulär ca. 2,20– 2,40 €. Lässt man sich das Parkticket in einem der angeschlossenen Geschäfte lochen, kann man bis zu 4 Stunden

PANNEN-NOTRUFNUMMERN

> **ADAC Notruf Österreich:**
> Tel. 012512060 (Festnetz) bzw.
> 004312512060 (Mobil)
> **ÖAMTC-Nothilfe:** Tel. 120
> (österreichweit, 24 Std.)
> **Auto-, Motor- und Radfahrerbund**
> **Österreichs (ARBÖ),** Münchner Bun-
> desstr. 9, Tel. 433601, Pannendienst
> (24-Std.-Notruf): Tel. 123

für 3 €, 8 Std. für 5 € parken. Weitere
Parkhäuser gibt es u. a. am Bahnhof und
in der Linzer Gasse (im Kapuzinerberg),
außerdem sind gebührenpflichtige Kurz-
parkzonen mit Parkscheinautomaten
verbreitet (pro Stunde ca. 1,20 €, Bezah-
lung auch mit Bankomatkarte möglich).

BARRIEREFREIES REISEN

Obwohl eine behindertengerechte
Ausstattung bzw. Barrierefreiheit verschiedener Gebäude sowohl in der
Gastronomie wie auch in der Hotelle-
rie und bei Sehenswürdigkeiten oder
Veranstaltungsorten wegen der historischen Bausubstanz nicht immer
ganz leicht realisierbar ist, ist in Salzburg **Barrierefreiheit weitgehend realisiert.** Die Anreise nach Salzburg und
das Fortbewegen innerhalb der Stadt
ist mit behindertenfreundlichen Verkehrsmitteln großteils gewährleistet,
zudem gibt es zahlreiche öffentliche
Behindertenparkplätze.
  Die meisten Gaststätten sind auch
für behinderte Menschen zugänglich,

ebenso der überwiegende Teil der Hotels. Zumindest die größeren und bes-
seren Unterkünfte verfügen über roll-
stuhlgerechte Badezimmer und Lifts.
Allzu viele öffentliche Behinderten-
WCs existieren (noch) nicht und auch
hinsichtlich der Einrichtungen für Ge-
hörbehinderte besteht noch Nachhol-
bedarf (z. B. in Theatern).

> **Infos** finden sich auf der Seite von Touris-
> mus Salzburg unter www.salzburg.info/
> de/service/salzburg_fuer/menschen_
> mit_behinderung.htm, hier kann
> man einen speziellen **Stadtführer**
> als PDF-Dokument herunterladen.
> Weiter hilft auch die **Behindertenbeauf-
> tragte des Magistrats Salzburg,** Saint-
> Julien-Str. 20, Tel. 80723232,
> E-Mail: behindertenbeauftragte@
> stadt-salzburg.at.

DIPLOMATISCHE VERTRETUNGEN

> **Deutsches Honorarkonsulat in Salz-
> burg,** Aribonenstr. 27, Tel. 0043 (0)662
> 432366300, Mo./Mi./Fr. 9 – 11 Uhr
> **Deutsche Botschaft in Wien,** Metter-
> nichgasse 3, 1030 Wien, Tel. 0043 (0)1
> 711540, www.wien.diplo.de, Konsular-
> abteilung Mo.–Fr. 9 – 12 Uhr
> **Schweizer Konsulat in Salzburg,** Alpen-
> str. 85, Tel. 0043 (0)662 622530
> **Schweizer Botschaft in Wien,** Prinz-
> Eugen-Str. 7/10, 1030 Wien, Tel. 0043
> (0)1 79505, www.eda.admin.ch/wien,
> Mo.–Fr. 9 – 12 Uhr

► *Der Grünmarkt auf dem Universitätsplatz [J7] bietet insbesondere
samstags eine große Auswahl*

EIN- UND AUSREISE-BESTIMMUNGEN

Da Deutschland, Österreich und seit 2008 auch die Schweiz Mitglieder des sogenannten **Schengen-Raums** sind, entfallen Kontrollen des Personenverkehrs an den gemeinsamen Grenzen. (Bei der Rückreise in die Schweiz sind jedoch weiterhin Zollkontrollen möglich bzw. üblich.) Staatsbürger der Bundesrepublik Deutschland und der Schweiz müssen bei der Einreise nach Österreich einen gültigen Personalausweis mitführen.

In Österreich haben die innerhalb der EU geltenden **Zollbestimmungen** Gültigkeit (siehe www.bmf.gv.at/zoll). Tabakwaren oder alkoholische Getränke sind nur so weit abgabenfrei, als sie dem Eigenbedarf dienen. Es gibt einen Richtlinienkatalog, der z. B. 800 Zigaretten oder 20 l Wein vorsieht. Die Grenzen für Schweizer Bürger sind strenger und betragen z. B. nur 1 l Alkohol über 15 Vol.-% oder 200 Zigaretten (Infos: www.ezv.admin.ch).

GELDFRAGEN

Die **österreichischen Münzen** zeigen außer der österreichischen Flagge auf der Rückseite Bilder von Wolfgang Amadeus Mozart (1 €) und der Pazifistin und Friedensnobelpreisträgerin Bertha von Suttner (2 €), außerdem die Wiener Secession als bedeutendes Jugendstilbauwerk (50 Cent), das Barockschloss Belvedere (20 Cent) und den gotischen Stephansdom (10 Cent). Alpenprimel, Edelweiß und Enzian befinden sich auf den 5-, 2- und 1-Cent-Münzen.

014sb Abb.: mb

■ SALZBURG PREISWERT

› *Der beste Tipp für Salzburg-Besucher, die mehrere Attraktionen besuchen möchten, ist der Kauf einer **Salzburg Card** (s. S. 100). Sie gilt für ein bis drei Tage, gewährt freien Eintritt in die wichtigsten Attraktionen und eine kostenlose Benutzung des öffentlichen Nahverkehrsnetzes. Darüber hinaus kommt man in den Genuss etlicher anderer Ermäßigungen.*

› ***Günstig zum Einkaufen** für Selbstversorger sind der **Grünmarkt** (Mo.-Sa.) und v. a. der **Schrannenmarkt** (Do., s. S. 18). Dort gibt es Leckeres aus Stadt und Umland zu moderaten Preisen.*

› *Für einen sättigenden, preiswerten Imbiss bietet sich auch der winzige **Balkan-Grill** (s. S. 25) an – eine Salzburger Legende – oder man genießt einen Mittagsteller ab 5 €, z. B. bei Scio's (s. S. 23), Spoon (s. S. 25) oder Kölbl (s. S. 17).*

› *Unterhaltung gratis gibt es Ende Oktober bei **Jazz in der Altstadt.** An fünf Tagen finden über 90 Gratiskonzerte statt (s. S. 12).*

EXTRATIPP

Salzburg Card

Die Salzburg Card gewährt einmalig **freien Eintritt in fast alle Sehenswürdigkeiten und Museen** der Stadt, außerdem die **freie Benutzung der öffentlichen Verkehrsmittel** inkl. Festungsbahn, Salzach-Schiff und Untersbergbahn sowie Ermäßigungen bei Veranstaltungen und Vergünstigungen an Ausflugszielen. Sie gilt 24, 48 oder 72 Stunden und kostet in der Hochsaison (1.5.–31.10.) 25/33/38 €, in der Nebensaison (1.1.–30.4. und 1.11.–31.12.) 22/30/35 €, für Kinder zwischen 6 und 15 Jahren die Hälfte, für Kleinkinder ist sie gratis.

Die Card ist an Hotelrezeptionen, bei den Infostellen von Tourismus Salzburg, in Kartenbüros sowie online unter www.salzburg.info (Unterpunkt „Sehenswertes", hier auch Liste der Sehenswürdigkeiten) erhältlich. Auskünfte: Tel. 88987454 oder E-Mail: cards@salzburg.info. Es gibt Sie auch kombiniert mit Übernachtungen, siehe Abschnitt „Unterkunft".

Das **Preisniveau** in Salzburg ist vergleichbar mit jenem süddeutscher Großstädte. Die **Maestro-(EC-)Karte** (in Österreich „Bankomatkarte" genannt) kann gegen Gebühr an jedem Automaten mit Geheimnummer zum Abheben von Bargeld eingesetzt werden, die Gebühren für das Abheben mit der **Kreditkarte** sind deutlich höher. Kreditkarten werden in den meisten Restaurants und Shops akzeptiert. In Notfällen hilft der **Western Union Bargeldservice** weiter (Tel. 0180 5225822, www.westernunion. de), der von Post oder Reisebank angeboten wird.

▶ *Erste Anlaufstelle für Besucher: die Infostelle am Mozartplatz [K7]*

INFORMATIONSQUELLEN

INFOSTELLEN ZU HAUSE

❯ **Österreich Werbung Deutschland GmbH,** Klosterstr. 64, 10179 Berlin, Tel. 030 2191480 (Mo.–Fr. 9–17 Uhr), www.austriatourism.com
❯ **Urlaubsservice der Österreich Werbung,** Wien, Tel. 0180 2101818 (6 Cent/Anruf a. d. Festnetz)

INFOSTELLEN VOR ORT

❶**145** [I5] **Tourismus Salzburg GmbH,** Auerspergstr. 6, A–5020 Salzburg, Tel. 889870, www.salzburg.info, hier kein Publikumsverkehr, dafür aber in den Filialen:
❶**146** [K7] **Tourist Info – Mozartplatz,** Mozartplatz 5, Tel. 88987330
❶**147** [J3] **Tourist Info – Salzburg Hbf,** Hauptbahnhof, Bahnsteig 2 a bzw. demnächst Bahnhofsvorplatz, Tel. 88987340

❯ **Tourist Info – Salzburg Süd,** Park&Ride-Parkplatz, Alpenstr., Tel. 88987360, nur im Sommer
❯ **Info-Terminal** im Flughafen. Hier gibt es vielerlei Informationen, Ticketverkauf und Hotelbuchung.
❯ **Prospektbestellung:** www.salzburg.info/de/service/broschueren.htm, Tel. 889870 oder 88987432, E-Mail: brochures@salzburg.info
❯ **Salzburg Land Tourismus GmbH,** Wiener Bundesstr. 23, 5300 Hallwang bei Salzburg, Tel. 0662 66880, www.salzburgerland.com

Ticketverkaufsstellen siehe Kapitel „Salzburg am Abend".

DIE STADT IM INTERNET

❯ **www.salzburg.info:** Die Seite von Tourismus Salzburg ist die umfassendste und aktuellste Infoseite mit Hinweisen zu Attraktionen, Veranstaltungen, Hotels, Gastronomie und Shopping sowie praktischen Tipps.

> **www.stadt-salzburg.at:** Offizieller Internetauftritt der Stadt Salzburg mit Zahlen, News, Veranstaltungen etc., v. a. interessant ist die Rubrik „TouristInfo".

> **www.salzburg.com:** Seite der auch überregional bekannten „Salzburger Nachrichten", mit Tipps und Veranstaltungshinweisen.

> **www.salzburg.at:** Internetplattform für die Europaregion Salzburg. Hinweise und Tipps zu Veranstaltungen, Freizeit, Tourismus und Verkehr in der gesamten Region.

050sb Abb.: mb

PUBLIKATIONEN UND MEDIEN

Haupttageszeitung sind die „Salzburger Nachrichten", denen jeden Freitag die nützliche Veranstaltungsbeilage „Salzburg Life" beiliegt. Das Blatt gehört neben der „Presse" und dem „Standard" (beide Wien) zu den renommiertesten österreichischen Tageszeitungen. Daneben gibt es die „Salzburger Volkszeitung", außerdem **Wochenzeitungen** und Magazine wie das Gesellschaftsmagazin

UNSERE LITERATURTIPPS

> *Herbert Rosendorfer:* **Salzburg für Anfänger**, *DTV 2005. Ein humorvoller Führer durch die Festspielstadt mit interessanten Beobachtungen über die Mentalität der Salzburger.*

> *Ernestine Stadler, Frank Taubenheim:* **Alles außer gewöhnlich. Über Leute und ihre Läden in Salzburg**, *Residenz Verlag 2007. Vom Bosna-Grill in der Getreidegasse über den „Hemden Babitsch" bis hin zum „Kaslöchl" – Salzburg hat Läden (und Besitzer), die ebenso einmalig wie entdeckenswert sind.*

> *Edith Kneifl, Wolfgang Steinmetz:* **Geheimes Salzburg: Ein genussvoller Roman,** *Lichtblick Verlag*

2008. Ein Mordfall während der Festspiele und der Aufführung des „Don Giovanni", dazu eine Gourmetkritikerin, die in Kochtöpfe schaut. Es gibt 60 Rezepte zu Nachkochen.

> *Erich Kästner:* **Der kleine Grenzverkehr oder Georg und die Zwischenfälle,** *DTV 1988. Ein liebenswertes Denkmal an die Stadt. Der Hauptakteur, Georg Rentmeister, trifft zur Festspielzeit in Salzburg ein und verliebt sich in eine Frau, die sich später als reiche Gräfin entpuppt, was zu heftigem Grenzverkehr zwischen Bayern und Österreich und etlichen Verwirrungen führt.*

„Die Salzburgerin" (8-mal jährlich plus Sonderbeilagen, 3 €, www.diesalzburgerin.at), „vision.altstadt" (vierteljährlich, 2,50 €) oder „erlebe salzburg magazin" (monatlich, gratis) mit Veranstaltungskalender.

INTERNET
UND INTERNETCAFÉS

Viele Hotels v. a. internationaler Ketten bieten gratis WLAN-Internetzugang im Zimmer bzw. in der Lobby, ansonsten sieht es mit öffentlichen WLAN-Hotspots in Salzburg noch schlecht aus. Einer befindet sich auf dem Max-Reinhardt-Platz gegenüber dem Festspielhaus und in zentraler Lage bietet das Café Fürst WLAN in seinen (kleinen) Räumen. Außerdem existieren die folgenden zentral gelegenen Internetcafés:

@148 [K7] **Cybar Internetcafé,** Mozartplatz 5, neben Salzburg Info, Tel. 844822

@149 [J4] **Atlas Seksy Internetcafé,** Ferdinand-Porsche-Str. 8 (nahe Hbf.), Tel. 426774. Internet, Billig-Telefonieren und dazu Drinks und Snacks.

@150 [I6] **City Net Café,** Gstättengasse 11

MEDIZINISCHE
VERSORGUNG

Mit der **Europäischen Krankenversicherungskarte** (EHIC) können gesetzliche Krankenversicherte europaweit unmittelbar erforderliche medizinische Versorgung in Anspruch nehmen. Die Karte gilt in allen Ländern der EU und bei in Deutschland gesetzlich Versicherten ist sie kostenlos bei der Kasse zu erhalten. Sie ersetzt den früher notwendigen „Auslandskrankenschein" E111. Vorlegen der Karte genügt, um bei Unfall oder akuter Erkrankung medizinisch behandelt zu werden. Gegebenenfalls kann es von Vorteil sein, eine **Reisekrankenversicherung** abzuschließen, insbesondere hinsichtlich des Rücktransports im Krankheitsfall.

Apotheken sind leicht zu finden. Außerhalb der regulären Öffnungszeiten (meist 8–12.30 und 14.30–18 Uhr, Sa. 8–12 Uhr) sind die diensthabenden Apotheken an der Türe angeschlagen.

151 [J6] **Apotheke Zum goldenen Biber,** Getreidegasse 4. Zentral gelegene, alteingesessene Apotheke.

152 [J6] **Engel-Apotheke,** Linzer Gasse 5. 1805 als erste Apotheke rechts der Salzach gegründet, hier soll Georg Trakl einst ein Praktikum gemacht haben.

Diensthabende Zahnärzte können erfragt werden bei:

> **Zahnärztliches Notdienstzentrum Salzburg,** Bergstr. 14, Tel. 870022

Zentral gelegene **Krankenhäuser:**

153 [H5] **St.-Johannsspital-Landeskrankenanstalten Salzburg,** Müllner Hauptstr. 48, Tel. 44820

154 [L7] **Unfallkrankenhaus,** Dr.-Franz-Rehrl-Platz 5, Tel. 65800

◀ *Zeitungen und Zeitschriften gibt es in sogenannten „Trafiken"*

062sb Abb.: mb

MIT KINDERN UNTERWEGS

Für aktive Familien gibt es mehrere Möglichkeiten, eine unterhaltsame Zeit in Salzburg zu verbringen, z. B. mit dem **Segway** (Elektroroller für eine Person, Verleih am Mozartplatz, www.

Spezielles für Kinder
- **159** [J6] **Puppendoktor**, Schwarzstr. 12. Einfach mal reinschauen in die Puppen- und Bärenklinik, außerdem gibts hier passende „Accessoires" und Spielzeug.
- Nostalgiefahrten mit der Salzburger „Lokalbahn", Tel. 44801500, www.slb.at. Zwischen Mai und September Dampfzugfahrten am Wochenende und zu speziellen Anlässen.
- **Literaturtipp:** M. Salamonsberger, J. de Wailly: **Salzburg. Stadtführer für Kinder,** Picus Verlag 2003. Das Buch umfasst sieben Führungen durch die Stadt aus der Sicht von Kindern und mit spezieller Berücksichtigung ihrer Interessen.

segway-salzburg.at) oder mit dem **Fahrrad durch die Stadt** (s. S. 107). Bequemer und ein schönes Erlebnis für Kinder ist eine **Bootsfahrt auf der Salzach** (siehe „Stadttouren").

Für Kinder interessante Ziele sind neben der **Festung Hohensalzburg** ❶ mit dem **Marionettenmuseum** das **Schloss Hellbrunn** ㉘ samt Park mit Wasserspielen sowie das Salzburger **Spielzeug Museum** ㉖. Etwas zeitaufwendiger ist ein Ausflug nach Gut Aiderbichl (www.gut-aiderbichl.com), wo diverse Tiere aus aussichtslosen Lebensumständen gerettet und aufgepäppelt werden.

Empfehlungen für den kulturell interessierten Nachwuchs:

- 🎬 **155** [J6] **Kino für Kinder**, Am Giselakai 11, www.daskino.at, Tel. 873100. Empfehlenswertes Programmkino mit aktuellem Kinderprogramm.
- ⭕ **156** [C2] **Oval – Die Bühne im Europapark**, Tel. 44202131, www.film.at/oval_die_buehne_im_europapark. Mi. und Fr. (jeweils 15 Uhr) sowie Sa. (13 Uhr) spezielle Kinderfilme.
- ⭕ **157** Salzburger **Marionettentheater**, Schwarzstr. 24, www.marionetten.at, Tel. 872406. Täglich 14 und 16 Uhr Kinderaufführungen, v. a. Mozartopern.
- ⭕ **158** [J5] **Toihaus – Theater am Mirabellplatz**, www.toihaus.at, Tel. 8744390. Theater mit Musik und Tanz, meist für Kinder ab fünf Jahren.

▲ *Das imposante mechanische Theater im Schlosspark Hellbrunn* ㉘ *begeistert auch jüngeres Publikum*

NOTFÄLLE

VERLUST UND DIEBSTAHL

Den Verlust oder Diebstahl des Ausweises muss man bei der Polizei melden und protokollieren lassen.
➦160 [J6] **Polizeiinspektion Rathaus,** Rudolfskai 2, Tel. 1335588100

Verloren gegangene Kredit- oder EC-Karten sollte man umgehend per Anruf beim zentralen **Sperrannahmedienst für Debitkarten** (z. B. girocard-Karten, Maestro-Karten, BankCards, SparkassenCards) unter Tel. 0049 (0)1805021021 (14 Cent/Min.) oder aber beim **zentralen Sperr-Notruf** unter Tel. 0049 116116 oder **0049 30 40504050** (gebührenpflichtig, hier auch Kreditkartensperrung möglich) melden. Details finden sich unter www.sperr-notruf.de. Es empfiehlt sich, vor der Reise die individuellen Kartensperrnummern (auf Merkblatt bzw. Kartenrückseite) zu notieren.
❯ **Infos:** www.kartensicherheit.de

In **Österreich** und der **Schweiz** gibt es keine zentrale Sperrnummer, daher sollten sich Besitzer von in diesen Ländern ausgestellten Maestro-(EC-) oder Kreditkarten vor der Abreise bei ihrem Kreditinstitut über den zuständigen Sperrnotruf informieren.

NOTRUFNUMMERN

❯ **Euronotruf:** 112
❯ **Feuerwehr:** 122
❯ **Polizei:** 133
❯ **Rettung/Notarzt:** 144
❯ **Ärzte-Funkdienst:** 141
❯ **Bergrettung:** 140
❯ **ÖAMTC-Pannenhilfe:** 120

Generell sollte man sich immer die **wichtigsten Daten** wie Kartennummer und Austellungsdatum separat notieren, da diese unter Umständen abgefragt werden.

ÖFFNUNGSZEITEN

In Österreich sind die meisten Geschäfte Mo.–Fr. 9–18/18.30 Uhr, Sa. 9–16 Uhr geöffnet, kleinere Läden machen manchmal eine Mittagspause. Lebensmittelläden öffnen meist früher und schließen samstags oft schon am frühen Nachmittag, Postämter sind je nach Lage werktags ganztägig und samstags bis zum frühen Nachmittag geöffnet. Museen besucht man am sichersten zwischen 10 und 16 Uhr. **Zur Festspielzeit** sind die regulären Schlusszeiten außer Kraft gesetzt, vor allem Lokale und Shops, Bars und Cafés haben dann gerne länger geöffnet.

POST

In Österreich gibt es für Auslandsbriefverkehr **zwei Versandarten: Priority** und **Economy**, wobei Standardsendungen bis 20 g und Postkarten immer schnell bzw. Priority transportiert werden und 0,65 € innerhalb Europas, 1,40 € weltweit kosten. Im Inland werden für Standardbriefe und Postkarten 0,55 € fällig.

Briefkästen sind gelb, rote Streifen weisen auf zusätzliche Leerung an Sonn- und Feiertagen hin.
✉161 [K7] **Postamt Residenzplatz,** Residenzplatz 9
✉162 [J6] **Postamt Makartplatz,** Makartplatz 6
✉163 [J3] **Postamt Hauptbahnhof,** Südtiroler Platz 1

SCHWULE UND LESBEN

Anlaufstellen in Salzburg sind z. B.

❶164 [H5] **Homosexuelle Initiative**, Beratungsstelle für Schwule und Lesben, Müllner Hauptstr. 11, Tel. 840900 oder 4359270, www.hosi.or.at. Die Initiative gibt auch das vierteljährlich erscheinende Magazin „Hosifest" heraus.

○165 [K4] **Kupferpfandl**, Paracelsusstr. 14, Tel. 875760, Cafébetrieb tgl. ab 16 Uhr, Pub tgl. 21–4 Uhr. Beliebter Szenetreff.

❶166 [L5] **Mexxx Gay Bar**, Schallmooser Hauptstr. 20, www.mexxxgaybar.at. Partys und Getränkespecials. Mo.–Do./ So. 20.30–4, Fr./Sa. 20.30–5 Uhr

❶167 [J6] **Zweistein Bar & Café**, Giselakai 9, Tel. 877179, www.zweistein.at, tgl. 18–4 Uhr, Do./ Fr./Sa. 18–5 Uhr. Salzburger Szenelokal direkt an der Staatsbrücke für die LGBT-Community. Unterhaltung und Events sowie Tanzfläche im Erdgeschoss, Lounge im 1. Stock.

❯ **www.gayboy.at:** schwules Onlinemagazin mit Chat, News und Events

SICHERHEIT

Für Besucher ist Salzburg **eine sichere Stadt** bzw. keinesfalls unsicherer als jede andere mittelgroße Stadt in Europa. Die **üblichen Vorsichtsmaßnahmen** im Hinblick auf Schmuck, Handtaschen und Geldbeutel, Kameras u. a. Wertgegenstände, vor allem bei Massenaufläufen, Veranstaltungen oder in öffentlichen Verkehrsmitteln, sind wie immer und überall

◀ *Der FC Red Bull Salzburg spielt im neuen EM-Stadion in Wals-Siezenheim*

angeraten. Ist man bestohlen worden, muss bei der Polizei Anzeige erstattet werden (siehe „Notfälle").

SPORT UND ERHOLUNG

Salzburg ist ein **Paradies für Sportbegeisterte,** zum einen wegen der geografisch günstigen Lage zwischen Voralpen und Salzburger Seengebiet, zum anderen aufgrund des breiten Freizeitangebots in der Stadt selbst. Dieses reicht von Tennis, Badminton und Squash bis zu Wassersport, Fischen, Golfen, Reiten oder Wandern. Eine besondere Rolle spielt der **Wintersport,** von Alpinski bis Langlauf. Ein Shuttlebus verkehrt im Winter von Salzburg zu den Skiarealen im Umland:

❯ **Snow-Shuttle,** von ca. 20.12. bis Anfang März tgl. 8.30 Uhr ab Mirabellplatz [J5], Rückkehr am späten Nachmittag, Reservierung über Tourismus Salzburg (s. S. 101) bzw. unter Tel. 88987340, 13 € pro Person (Mo.–Mi. gratis!). Je nach Schneelage werden folgende Skigebiete angefahren: Obertauern oder Zauchensee, Gastein, Kitzbühel, Schladming, Flachau, Ski-Zirkus Leogang, Zell am See oder Kitzsteinhorn. Der Shuttle ist gleichermaßen zum Skifahren und Snowboarden, Wandern oder Schneeschuhlaufen, aber auch zum Rodeln oder Pferdeschlittenfahren geeignet.

Auskünfte zu Winter- und Wanderaktivitäten erteilt:

❯ **Alpinschule Salzburg,** Albert-Schweitzer-Str. 8/2, Tel. 629882 oder 11169200, www.alpinschule-salzburg.at. Bergsteigerschule, Bergsafaris, Schneeschuhwandern usw.

❯ **Österreichischer Alpenverein,** Nonntaler Hauptstr. 86, Tel. 822692, www.alpenverein-salzburg.at. Informationen v. a. für Wanderer.

FREIZEITANGEBOT

› **Kletterpark Waldbad Anif –
   Hochseilgarten,** Waldbadstraße,
   5081 Anif, Tel. 0664 4309380, www.
   kletterparkwaldbadanif.at, Mi.–Fr. 14–
   18, Sa./So. 10–18 Uhr, Juli–Anf. Sept.
   tgl. 10–19 Uhr, 28 €. Kletterparadies
   mitten in der Natur für alle Ansprüche
   und auch für die ganze Familie.
› **Sommerrodelbahn Keltenblitz,** Zin-
   kenlifte Bad Dürrnberg, 5400 Hallein,
   Tel. 06245 85105, www.duerrnberg.
   at, Mai – Okt. tgl., 8,80 €. Mit 2,2 km
   eine der längsten Sommerrodelbahnen,
   schön gelegen in beliebtem Freizeit- und
   Skigebiet.
› Waldhochseilgarten „untersberg
   challenges", Glanstr. 31, Fürstenbrunn-
   Grödig (Autobahnabfahrt Salzburg
   Süd-Gröding), Tel. 0699 10364841,
   www.untersberg-challenges.at, Feb.–
   Nov. bei schönem Wetter, 29 €. Nicht

einmal 9 km von der Innenstadt entfernt
liegen mehrere Kletterparcours, die auch
für Kinder geeignet sind. Der Familienbetrieb bietet darüber hinaus Sportaktivitä-
ten wie Schneewandern oder
Skitouren an.

RADFAHREN

Die **Salzburger sind radbegeistert**
und angesichts der räumlichen Nähe
aller wichtigen Orte und des Park-
platzmangels in Salzburgs Altstadt
wundert das nicht. **150 km Radwege
auf 13 Hauptrouten,** die sternförmig
durch die Stadt führen und Zwischen-
verbindungen aufweisen, stehen in
Salzburg und Umgebung zur Verfü-
gung. Es gibt Radverleihstellen und
geführte Touren. Infos und Radkar-
ten erhält man bei Tourismus Salzburg (s. S. 101) und bei „Top Bike" am
Hanuschplatz:

FUSSBALL IN SALZBURG

Das Jahr 2005 bedeutete in der Geschichte des Salzburger Fußballs einen wichtigen Einschnitt. Damals kämpfte der **SV Austria Salzburg,** 1933 aus dem Zusammenschluss des Arbeitervereins FC Rapid Salzburg und des bürgerlichen FC Hertha Salzburg hervorgegangen, um seine sportliche und wirtschaftliche Existenz. Am 6. April 2005 übernahm schließlich die Red Bull GmbH die Geschäfte von der Betreibergesellschaft Salzburg Sport AG.

Seither spielt der 2005 neu konstituierte **FC Red Bull Salzburg** in der Bundesliga, Österreichs höchster Liga. Schon 2005/06 wurde der FC Red Bull unter Trainer Kurt Jara österreichischer Vizemeister. Als Berater fungiert seit damals Franz Beckenbauer und er half - in Zusammenarbeit mit dem FC Bayern München - mit, beachtliche Verpflichtungen wie Alexander Zickler zu tätigen. Im März 2006 kaufte die Red Bull GmbH sogar den erstklassigen US-Soccerclub in New York dazu - und sorgte dafür, dass im „Big Apple" 2009 ein nagelneues Fußballstadion entstand. Mit dem **prominenten Trainergespann Lothar Matthäus und Giovanni Trappatoni** („Trappathäus" genannt) holte der Verein 2007 unangefochten die erste Meisterschaft. 2009 folgte der Gewinn der zweiten Meisterschaft. National inzwischen zu den Topteams gehörig, soll seit Herbst 2009 der bekannte Erfolgstrainer Huub Stevens auch international für Erfolge sorgen. Der überraschend erfolgreiche Auftritt in der Euro League 2009/10 war ein erster Schritt des Vereins in Richtung europäische Spitzenklasse.

So reibungslos, wie es den Anschein hat, verlief die Übernahme von Austria durch Red Bull einst jedoch nicht. Viele Mitglieder und Fans waren enttäuscht, dass der FC Red Bull die Tradition des Vereins ignorierte und z. B. das traditionelle Violett des Klubs in Bulls-Red umwandelte. Eine Annäherung scheiterte, deshalb wurde der Sportverein Austria Salzburg, kurz **SV Austria Salzburg,** Ende 2005 neu gegründet (www.austria-salzburg.at). Als Nachfolger des alten Traditionsvereins beruft man sich auch auf dessen Geschichte von 1933 bis 2005, dessen Traditionen und Erfolge - und die alten Vereinsfarben, Violett und Weiß. Die „alte" Austria feierte 1994 unter Trainer Otto Baric die erste Meisterschaft, 1995 und 1997 folgten zwei weitere Titel und man erreichte 1994 sogar das UEFA-Cup-Finale (Niederlage gegen Inter Mailand).

Von diesen Erfolgen zehren die treuen Fans der „neuen" Austria heute noch, denn der Verein musste wieder ganz unten anfangen. Inzwischen ist er auf dem Weg in die 3. Liga (Regionalliga) und die Fangemeinde - bei Heimspielen pilgern über 2000 Fans ins Stadion im Stadtviertel Maxglan - hofft auf einen Durchmarsch ihrer „Violetten" zurück in die Bundesliga.

❯ **Top Bike Salzburg,** Tel. 62724656 oder mobil 06784767259, www.topbike.at. Fahrradverleih, für Gruppen auch „Octopus City Tours", ab Ferdinand-Hanusch-Platz [J6] (Juni–Sept.) und Hauptbahnhof [J3] (April–Okt.), tgl. mind. 10–17 Uhr, 2 Std. für 6 €, 1 Tag 15 €, Ermäßigung mit der Salzburg Card (s. S. 100)

●**168** [J7] **VELOactive,** Tel. 4355950, Fahrradverleih am Residenzplatz von Ostern bis Oktober

❯ **City Bike Salzburg,** Tel. 0810 500500, www.citybikesalzburg.at. Leihfahrräder am Hanuschplatz [J6] (Staatsbrücke), die man täglich rund um die Uhr ausleihen

Marathon durch
Salzburg und Umgebung
Während des **AMREF-Marathon** – der Name leitet sich von der „African Medical and Research Foundation" ab – trifft sich jedes Jahr im Mai an einem Wochenende die internationale Laufelite. Der Salzburger Marathon ist nach dem Vienna City Marathon die zweite österreichische Laufveranstaltung, die von der IAAF (International Association of Athletics Federations) mit einem Qualitätssiegel ausgestattet wurde.

❯ www.salzburg-marathon.at, Tel. 840101

❯ nächster Termin: 16.5.2010

kann. Gegen eine einmalige Anmeldegebühr von 1 € erhält man am Automaten ein Passwort, mit dem man das Fahrrad aufschließen kann. Die erste Stunde ist gratis, für die längere Nutzung ist eine kleine Gebühr fällig, die auch mit Maestro- oder Kreditkarte bezahlt werden kann.

❯ Der **Radclub ASKÖ VOLKSBANK Salzburg** bietet auch gratis geführte Radtouren ins Salzburger Land an. Infos unter: www.radclub-salzburg.at, Tel. 0650 5278449

ZUSCHAUERSPORT

●**169** [A2] **EM-Stadion Wals-Siezenheim.** Das 2003 im Westen der Stadt, im Nachbarort Wals-Siezenheim direkt an der Autobahn A1 und an der Bahnlinie zwischen Salzburg und München eröffnete Fussballstadion mit etwa 32.000

▲ *Dank solcher Verleihstationen ist es einfach, Salzburg per Fahrrad zu erkunden*

Plätzen war Austragungsort von drei Spielen der Fußball-EM 2008. Etwa 10–15 Minuten zu Fuß entfernt befindet sich der neue S-Bahnhof Europapark/Taxham am Einkaufszentrum Europapark. Zudem verbinden die Buslinien 1 und 28 das Stadion mit der Innenstadt. Das Stadion ist die **Heimat des Bundesligisten FC Red Bull Salzburg** (www.redbulls.com/soccer/salzburg).

●**170** [M7] **EC Red Bull Salzburg**, Hermann-Bahr-Promenade 2, Tel. 630752 (Tickets), www.redbulls.com/icehockey. Das Eishockeyteam spielt in der höchsten österreichischen Liga, die „Erste Bank Liga", und gehört dort zu den Topmannschaften. Die Heimspiele finden in der Salzburger Eisarena, dem „Volksgarten", vor maximal 3200 Zuschauern von Mitte September bis Mitte März statt (Buslinien 6, 7 und 20).

STADTTOUREN

BUSTOUREN

❯ **Salzburg Panorama Tours** (s. S. 30), www.panoramatours.com. Reguläre Touren wie die beliebte „The Sound of Music Tour" (ca. 4 Std.), die „Mozarttour" (Rabatt mit Salzburg Card) diverse Stadtrundfahrten,

Salzbergwerkstouren und Salzkammergutfahrten.

❯ **Salzburg Sightseeing Tours**, Mirabellplatz 2, www.salzburg-sightseeingtours.at, Tel. 881616, 2- oder 24-Std.- sowie Kombitickets mit Schifffahrt ab 15 €. Hop-on-hop-off-Stadtrundfahrt im Luxusbus und mit Audiotour über Kopfhörer. Zwölf Stopps zum beliebigen Ein- und Aussteigen. Rabatt auf „Mozart City Tour" mit der Salzburg Card (s. S. 100).

❯ **Bob's Special Tours**, Rudolfskai 38, Tel. 8495110, www.bobstours.com. Vor allem beliebt ist seine „The Sound of Music"-Tour, auch Fahrten in die Umgebung.

TOUREN ZU FUSS

❯ **SGS-Salzburg Guide Service**, Tel. 840406, www.salzburg-guide.at. Für einzelne Gäste gibt es täglich eine Mittagsführung ohne Anmeldung (12.15 Uhr ab Infostelle am Mozartplatz [K7], 60–90 Min., 9 €, mit Salzburg Card 20 % Ermäßigung). Außerdem „Ver-Führungen": Touren ab Mozartplatz (10 € ohne Anmeldung) zu bestimmten Terminen und Themen, Spezialtouren wie „Nachtwächtertour" oder „Tatort Eulenspiegel" (siehe www.salzburg.info/de/sehenswertes/rundfahrten_fuehrungen/fuehrungen).

054sb Abb.: mb

063sb Abb.: sr

EXTRATIPP

Gruselwandern in Salzburg

Während eines gut eineinhalbstündigen Spaziergangs bei Dunkelheit weiht die Stadtführerin Sabine Rath die Besucher in die finsteren Geheimnisse Salzburgs ein. Dabei geht es um einen Hexenprozess im 17. Jh., den berühmten Zauberer Jakl, Hexensabbate und andere Schauermärchen. Der Weg führt über den Friedhof St. Peter und auf die Festung Hohensalzburg. Dort soll die „Weiße Frau" in Vollmondnächten ihr Unwesen getrieben haben. Ehemalige Gefängnisse, Folterkammern und Hinrichtungsplätze sind weitere Stationen der Tour.

Ebenfalls einzigartig ist Sabine Raths Tour „Salzburg für Salzburger", bei der Gäste die wahren Geheimnisse der Stadt abseits von Touristenpfaden kennenlernen. Besichtigungen von Salzburger Institutionen und Verkostungen gehören dazu.

❯ Informationen zu bzw. Anmeldung für diese u. a. Touren: Sabine Rath, Tel. 0043 664 2016492, www.tourguide-salzburg.at, ideal für kleine Gruppen!

❯ **walk of modern art**, jeden 1. Sa. im Monat nach Anmeldung. Kunsthistorische Führung zu den Werken der Salzburg Foundation (Details s. S. 48).

◀ *Stadtführerin Sabine Rath weiht Besucher in die finsteren Geheimnisse der Stadt ein*

◀ *Stadtrundfahrten im Luxusbus mit Salzburg Sightseeing Tours*

SCHIFFFAHRTEN

● **171** [J6] **Salzburg Stadt Schiff-Fahrt**, Hanuschplatz – Übergang Makartsteg, Tel. 825858, www.salzburgschifffahrt.at. Mai – Sept. Salzach-Bootstouren mit Panoramaboot, Rundfahrten ab Makartsteg (13 €), außerdem Hop-on-hop-off-Touren, „Salzburg by Night" oder Fahrten zum Schloss Hellbrunn **28** (16 €) mit dem extra für die starke Strömung der Salzach gebauten Panorama-Speedboat „Amadeus". Eine Rundfahrt und die Tour nach Hellbrunn sind in der Salzburg Card (s. S. 100) enthalten.

SONSTIGE TOUREN

❯ **Fiakertouren**, ab Residenzplatz [J7], Tel. 435894, www.fiaker-salzburg.at, www.fiakerei-juza-salzburg.com oder www.fiaker.cc. 20 bis 25- oder 50-minütige Touren für 36/72 € (4 Pers.). Es sind auch längere Fahrten durch die Altstadt oder sogar bis nach Hellbrunn **28** möglich.

❯ **Fräulein Marias Bicycle Tours**, ab Mirabellgarten **19**, Tel. 0650 3426297, www.mariasbicycletours.com, tgl. 9.30, Juni–Aug. auch 16.30 Uhr (reservieren!). Dreistündige Radtour auf den Spuren des Musicalfilms „The Sound of Music", 10 €.

> Nostalgiefahrten mit der Salzburger „Lokalbahn", Tel. 44801500, www.slb. at, Mai – Sept. Dampfzugfahrten am Wochenende oder zu speziellen Anlässen.

TELEFONIEREN

Salzburgs Festnetzvorwahl lautet 0662, sie muss innerhalb der Stadt von Festnetz zu Festnetz nicht mitgewählt werden, vom Handy zum Festnetz schon.

Die **Ländervorwahl** nach Österreich lautet **0043**. Die darauffolgende 0 der Ortsnummer entfällt bei Auslandsgesprächen, muss jedoch im Land mitgewählt werden. Von Österreich muss folgende Nummer vorgewählt werden:

> Deutschland: 0049
> Schweiz: 0041

Bei **Münz- und Wertkartentelefonen** der Telekom Austria gibt es im Inlandsverkehr nur eine Zone (gesamtes Bundesgebiet) und keine zeitliche Staffelung. Telefonkarten sind in Postämtern und Tabaktrafiken erhältlich.

Mobiltelefone funktionieren im GSM-Netz im 900-MHz- und im 1800-MHz-Bereich. Dank eines EU-Beschlusses gelten für das Telefonieren mit Handy im EU-Ausland seit 2007 maximale Preisobergrenzen, die 2009 nochmals gesenkt wurden: 43 Cent/Min. für abgehende Gespräche, 19 Cent/Min. für eingehende Anrufe.

▶ *Herr Ober, bitte … - auf Höflichkeit und gute Umgangsformen wird Wert gelegt*

UMGANGSFORMEN UND VERHALTENSTIPPS

Österreich ist ein Vielvölkerstaat und aufgrund der vielen Zuwanderungswellen ist es kaum möglich, von spezifischen „abstammungsbedingten" Eigenschaften zu sprechen. Österreich ist aber auch das Land von Sigmund Freud und Heimito von Doderer und wird geprägt von einem gewissen **Zwiespalt zwischen Minderwertigkeitskomplex und Größenwahn**, einer Mischung aus Unterwürfigkeit und Widerspenstigkeit.

Selbst das Klischee, dass die Österreicher etwas langsam, altmodisch, formell, aber zugleich gesellig, tolerant und sympathisch seien, trifft nur bedingt zu. Eher schon stimmt die Ansicht, dass Österreicher **viel Wert auf Titel legen** und dass in Österreich **alles auf Beziehungen hinausläuft**. Wer jemanden kennt, der wiederum jemand anderen kennt, kommt leichter an Festspieltickets, an einen Tisch in einem beliebten Restaurant oder in den Genuss anderer Vergünstigungen, beschleunigt Aufträge oder erfährt Neuigkeiten schneller.

Das Attribut „gemütlich" mag ebenfalls zutreffen, allein was die **Sprechweise** angeht. Dies mag vielleicht ein Grund dafür sein, dass man sich mit den ebenfalls etwas langsamer sprechenden Bayern besser versteht als mit den wortgewandt-schnellschießenden Norddeutschen.

Und nicht zuletzt legt die **Kaffeehauskultur** Zeugnis vom Wesenszug, gemütlich zu sein, ab. Jung und Alt, Geschäftsleute und Rentner, Studenten und Hausfrauen oder Mütter mit Kindern treffen sich im Kaffeehaus zur Unterhaltung, zum Philosophieren, zum Spielen oder Zeitunglesen. Man

wählt zwischen Dutzenden von Kaffee-, Mehlspeisen- und Tortensorten und durchstöbert ein breites Angebot an Zeitungen und Zeitschriften.

ÖSTERREICHISCHE BESONDERHEITEN – DOS UND DON'TS

> In Österreich legt man Wert auf die **korrekte Verwendung von Titeln** und das beginnt schon mit „Herr Magister XY", „Frau Magistra YZ", „Frau Hofrat" oder „Herr Ingenieur". Es wird Wert gelegt auf eine protokollgerechte Anrede, und das gilt, anders als in Deutschland, auch für untere oder mittlere Ränge.

> **Bussi und Umarmung** zur Begrüßung und zum Abschied sind in Österreich gang und gäbe.

> Österreicher sind traditionsbewusst und legen bei öffentlichen Events und offiziellen Einladungen **Wert auf konservative Kleidung und einwandfreie Manieren.**

> In Österreich geht vieles, was eigentlich nicht geht. Man sollte also besser nicht nachfragen, woher ein Ticket, eine Einladung o. Ä. kommen und warum man sie

erhalten hat. Einfach akzeptieren, denn dank eines weitverzweigten **Beziehungsnetzes** klappt in Österreich oft auch Unmögliches.

> Selbst wenn die **Festung Hohensalzburg** wie eine Burg aussieht, Salzburger sprechen niemals von „Burg", sondern immer von ihrer „Festung".

> Auch wenn **Red-Bull-Chef Mateschitz** viel für Salzburg getan hat und weiterhin tut und auch im Stadtbild mit seinen Getränken und Restaurants omnipräsent ist, nimmt man seinen Namen in der Öffentlichkeit nicht gern in den Mund. Selbst das Thema Fußball ist brisant: Obwohl der FC Red Bull inzwischen eine beachtliche Anhängerschaft hat, können viele Salzburger die alte Austria nicht vergessen und hängen noch immer an den „Violetten", die derzeit die 3. Klasse ansteuern (s. S. 108).

UNTERKUNFT

ALLGEMEINE SITUATION

Salzburg verfügt über Hotels aller Kategorien und ist für eine Touristenstadt auch **nicht übermäßig teuer.** Normalerweise gilt auch in Salzburg die Regel, dass Altstadthotels bzw. zentrumsnahe Herbergen teurer sind als solche im Umkreis. Das Hotelangebot, derzeit 126 Hotels, konzentriert sich auf 5- und 4-Sterne-Hotels und aus diesen Kategorien gibt es insgesamt über 40 mit mehr als 6000 Betten. Das macht mehr als die Hälfte des Angebots von knapp 11.000 Hotelbetten insgesamt aus, dazu kommen acht Jugendherbergen und vier Campingplätze sowie über 50 Privatquartiere.

Angenehm ist, dass in Salzburg, wie fast überall in Österreich, ein **reichhaltiges Frühstück** (meist in Buffetform) im Preis eingeschlossen ist.

Hilfe bei der Hotelsuche

Tourismus Salzburg bietet eine kostenlose **Hotelbuchung** im Internet (www.salzburg.info/de/unterkunft) oder telefonisch (Tel. 0043 662 889870) an. Angeboten werden außerdem verschiedene „Salzburg Card Packages", die Übernachtungen, Salzburg Card (s. S. 100), Veranstaltungstickets und manchmal auch Führungen beinhalten. Es gibt sie ab 99 € (2 Nächte, Vorsaison).

PREISKATEGORIEN

Da Preise saisonal variieren und zudem rasch veränderlich sind, können die nachfolgend verwendeten Preiskategorien lediglich als Anhaltspunkte dienen (pro DZ und Nacht):

€€€	über 150 €
€€	100–150 €
€	unter 100 €

Hotel-Vorausbuchung empfiehlt sich fast das ganze Jahr über, speziell aber bei Veranstaltungen wie den Festspielen, im Advent oder an Wochenenden. Die teuerste Saison sind meist die Wochen um die Festspiele, außerdem Juli/August und der Dezember.

HILFREICHE ADRESSEN IM INTERNET

> www.salzburg.info/de/unterkunft: Unterkunftsübersicht von Tourismus Salzburg, erster Anlaufpunkt bei der Hotelsuche
> www.salzburgcityhotels.com: Hotels in der Altstadt von Salzburg

Broker wie beispielsweise die folgenden können ebenfalls hilfreich sein:
> www.hotelreservierung.de/hotels-Salzburg.html
> www.booking.com/Salzburg
> www.hrs.de

► *Im Hotel Auersperg stimmen Qualität und Preis*

UNTERKUNFTSTIPPS

Hinweis: Sofern sich die nachfolgenden Unterkünfte nicht im Stadtzentrum befinden, wurde diese Abweichung angegeben.

Gehobene Kategorie

🏠**172** [J4] **Achat Plaza Zum Hirschen** €€–€€€, Saint-Julien-Str. 21–23, Tel. 889030, www.zumhirschen.at. Das Hotel in der Nähe von Hauptbahnhof und Salzach mit 62 geschmackvoll eingerichteten, unterschiedlich großen Zimmern und Suiten bietet außerdem Familienzimmer und günstige „Packages", inklusive Frühstücksbuffet und Sauna.

🏠**173** [I7] **arthotel Blaue Gans** €€–€€€, Getreidegasse 41–43, Tel. 84249150, www. blauegans.at. Ein sehr schickes Hotel mit minimalistisch-modern, sehr luftig und geschmackvoll ausgestatteten Zimmern. Mit Gewölberestaurant, gemütlicher (Jazz-)Bar und Gastgarten.

🏠**174** [J7] **Boutiquehotel am Dom** €€–€€€, Goldgasse 17, www.hotelamdom.at, Tel. 842765. Mitten in der Altstadt gelegene Pension, die zum Designerhotel mutierte. 15 individuell eingerichtete Zimmer auf fünf Etagen.

175 [H6] **Hotel Schloss Mönchstein** €€€, Mönchsberg Park 26, Tel. 8485550, www.monchstein.at. Neu renovierte Luxusherberge im riesigen Schlosspark oberhalb der Stadt mit 24 Zimmern und Suiten, Wellnessbereich und Panoramarestaurant. Auch Arrangements über Tourismus Salzburg möglich.

176 [J6] **Hotel Stein** €€€, Giselakai 3–5, Tel. 8743460, www.hotelstein.at. 55 unterschiedlich gestaltete Zimmer, vor allem sehr geschmackvoll eingerichtete Suiten mit allem technischen und sonstigen Komfort. Ein Frühstücksbuffet steht für Gäste im „Salon" bereit, außerdem gehört die Steinterrasse Café-Bar-Lounge im OG mit Ausblick dazu. Seit 1399 dokumentiert und seit 1870 eine Herberge, heißt das Haus seit 1924 „Hotel Stein". 2001 übernahm die tea&co Handelsgesellschaft das historische Hotel, sanierte es komplett und eröffnete es neu als 4-Sterne-Haus.

Mittlere Kategorie

177 [K6] **Altstadthotel Amadeus** (Minotel) €€, Linzer Gasse 43–45, Tel. 871401, www.hotelamadeus.at. In der Fußgängerzone der Linzer Gasse liegt das über 500 Jahre alte, denkmalgeschützte Haus. Persönliche Atmosphäre, 26 Zimmer, inklusive Frühstücksbuffet und Nachmittagskaffee, auch auf der Sonnenterrasse.

210 [K7] **Altstadthotel Kasererbraeu** €€, Kaigasse 33, Tel. 0662 842445, www.kasererbraeu.at. Neu renoviertes Hotel in denkmalgeschütztem Haus und in ruhiger Lage, DZ in der NS ab 140 €, auch Specials und Frühbucherrabatte. Schöner Wellnessbereich und Kino im Haus.

178 [K7] **Altstadthotel Weisse Taube** €€, Kaigasse 9, www.weissetaube.at, Tel. 842404. Nahe dem Nonnberg in ruhiger, doch zentraler Lage liegt dieses Haus von 1465 (in Familienbesitz). DZ in der NS ab 100 €, auch günstige Specials.

057sb Abb.: mb

Nächtigen im „Stadthotel mit Garten"

1890 hatte bereits ein Herr Heinrich Nowak die Privatvilla im Salzburger Stadtteil Schallmoos gekauft. 1948/49 umgebaut und renoviert, wurde sie schließlich 1959 als Pension eröffnet. Die Villa an sich war beeindruckend, doch erst 1977, als Nowaks Tochter Erika und ihr Mann Kurt Raschhofer das Hotel übernahmen, wurde daraus ein kleines, aber feines Hotel, das „Auersperg", das nun in dritter Generation von Bettina Wiesinger, geb. Raschhofer, geführt wird.

Die Lage ist ungewöhnlich, da nicht malerisch in einer der Altstadtgassen, sondern zwischen Schloss Mirabell und Bahnhof in einem klassischen Wohnviertel. Hier würde man ein derart geschmackvolles und edles Hotel kaum vermuten und auch von außen protzt man nicht. Im Vordergrund stehen die familiäre Atmosphäre und der hervorragende Service. Das Preis-Leistungs-Verhältnis ist ebenso ungewöhnlich und gut wie die angenehm modern gestylten, großen Zimmer und Suiten mit allem technischen Komfort. Dazu gehören ein gemütlicher Sauna- und Wellnessbereich mit Dachterrasse, eine kleine Bar und ein wunderschöner Garten. Im Preis eingeschlossen sind ein reichhaltiges, gesundes Buffet, Parkplätze und Gratis-WLAN-Internet.

🏠**185** [K5] **Hotel Auersperg** €€-€€€, Auerspergstr. 61, Tel. 889440, www.auersperg.at

🏠**179** [J7] **Altstadthotel Zur Goldenen Ente** €€, Goldgasse 10, Tel. 845622, www.ente.at. Ruhig gelegenes Altstadthotel mit 17 Zimmern (ab 125 €). Moderner „Landhausstil" mit allem Komfort, auch günstige Specials . Im zugehörigen Restaurant gibt es österreichische Gerichte wie Salzburger Nockerln.

🏠**180** [F7] **Hotel Astoria Salzburg** €-€€, Maxglaner Hauptstr. 7, Tel. 834277, www.astoriasalzburg.com. Kleines, modernes, aber familiär geführtes und mit Kunstwerken ausgestattetes Hotel hinter dem Mönchsberg mit eigenem Kaffeehaus. Bushaltestelle vor dem Hotel, Frühstücksbuffet inklusive.

🏠**181** [K6] **Hotel Goldene Krone** €€, Linzer Gasse 48, Tel. 872300, www.hotel-goldenekrone.com. Das im 15. Jh. erbaute, liebevoll renovierte Hotel liegt in der Fußgängerzone Linzer Gasse. Insgesamt 24 ordentliche, nicht sehr große Zimmer und Innenhof.

🏠**182** [E12] **Hotel Pension Frauenschuh** €€, Gsengerweg 1 a (Moosstr.), in Leopoldskron Moos, etwa 15 Min. mit dem Bus zur Altstadt, Tel. 832334, www.frauenschuh.at. Idyllisch im Grünen gelegenes rustikales Hotel mit viel Komfort, auch Familienzimmer und Ferienwohnungen, dazu Garten und Balkone, Sauna und Dampfbad.

🏠**183** [J3] **Hotel Hohenstauffen** €€, Elisabethstr. 19, Tel. 872193, www.hotel-hohenstauffen.at. Nicht weit vom Bahnhof entferntes, familiär geführtes Stadthotel mit 31 unterschiedlich möblierten Zimmern, auch Familienzimmer, dazu Aufenthaltsraum.

🏠**211** [K7] **Hotel Wolf** €€, Kaigasse 7, Tel. 0662 8434530, www.hotelwolf.com. Individuelle, gut ausgestattete Zimmer ab 110 € in 1429 erstmals urkundlich erwähntem Bürgerhaus.

🏠**184** [K5] **Hotel Wolf-Dietrich** €€-€€€, Wolf-Dietrich-Str. 7, Tel. 871275, www.salzburg-hotel.at. „Biohotel" im Stadtzentrum mit liebevoll ausgestatteten, gemütlichen Zimmern und Suiten, neues Spa mit Sauna, Dampfbad und Hallenbad, Biofrühstücksbuffet (alles im Preis inklusive).

Preiswerte Kategorie

🏨**186** [K2] **Gasthof Auerhahn** €, Bahnhofstr. 15, Tel. 4510523, www.auerhahn-salzburg.at. 15 geschmackvoll und gut ausgestattete Zimmer zu günstigem Preis mit Dusche/WC, Telefon und TV sowie Frühstücksbuffet. Zugehöriges Hauben-Restaurant mit Gastgarten.

🏨**187** [C1] **Hotel-Gasthof Hartlwirt** €, Lieferinger Hauptstr. 120, Tel. 431646, www.hartlwirt.at. 18 gut ausgestattete, moderne Gästezimmer inkl. Frühstück im Stadtteil Liefering nahe Messezentrum und Fußballstadion (Busverbindung zur Innenstadt).

🏨**188** [K7] **Hotel-Pension Chiemsee** €–€€, Chiemseegasse 5, Tel. 0662 844208, http://hotel-chiemsee.members.cablelink.at. Kleines familiäres Altstadthotel mit 10 Zimmern und 2 Suiten. Im Haus befindet sich das Lokal „Zur Schnitzel Schmiede".

🏨**189** **Hotel Plainbrücke** €, Itzlinger Hauptstr. 91, Tel. 451728, www.plainbruecke.at. 17 unterschiedliche Zimmer, außerdem Familienzimmer mit Sitzgruppe, inkl. Frühstück. Zentrumsnahe Lage (Buslinie 6).

🏨**190** [J6] **Hotel Schwarzes Rössl** €, Priesterhausgasse 6, Tel. 874426, www.academia-hotels.co.at, geöffnet 1. Juli–30. Sept. Preiswerte 80 Betten in 50 Zimmern, teilweise Etagenbäder, in historischem Gasthof in zentraler Lage und inkl. Frühstück.

🏨**191** [G6] **Pension Wallner** €, Aiglhofstr. 15, Tel. 845023, www.pensionwallner.at. Einfache und preiswerte Frühstückspension in Familienbetrieb in ruhigem Wohnviertel (von hier Bus 4, 20, 28 zur Innenstadt).

🏨**192** [E7] **Gasthof Wastlwirt** €, Rochusgasse 15, Tel. 820100, www.wastlwirt.com. Im Stadtteil Maxglan (Buslinien 1, 27) liegt der Gasthof mit einfachen Zimmern mit eigenem Bad und Frühstück. Wirtschaft zugehörig.

🏨**193** [K6] **Pension Junger Fuchs** €, Linzer Gasse 54, Tel. 875496. Schlichtes Hotel in guter Lage. 26 Betten, DZ ohne eigenes Bad ab 46 €.

🏨**194** [K9] **Pension Katrin** €, Nonntaler Hauptstr. 49 b, www.pensionkatrin.at, Tel. 830860, Zentrum mit Buslinie 5 erreichbar.Schöne Pension mit fast mediterranem Garten, 20 Betten in 12 Zimmern bzw. Suiten, DZ ab 76 € in der NS.

Jugendherbergen

🏨**195** [L8] **Jugend & Familiengästehaus Salzburg** €, Josef-Preis-Allee 18, Tel. 842670, www.jfgh.at/salzburg.php. Im Stadtteil Nonntal, 5 Minuten von der Altstadt entfernt gelegene Herberge mit knapp 400 Betten in Mehrbettzimmern, aber auch Jugendhotel mit DZ (ab 64 €) und Familienzimmern, auch mit Essen (VP/HP). Aufenthaltsräume, Internetcafé, Kinderspielbereich.

🏨**196** **Junges Hotel Eduard-Heinrich-Haus** €, Eduard-Heinrich-Str. 2, Tel. 625976, www.hostel-ehh.at. 138 Betten (ab 18 €), auch Zweibettzimmer, Halb- oder Vollpension möglich. TV- und Aufenthaltsraum, Terrasse.

🏨**197** [K4] **YOHO-Salzburg THE HOSTEL** €, Paracelsusstr. 9, Tel. 879649, www.yoho.at. Moderne neue Jugendherberge mit Sälen und Zimmern (ab 17 €/ Bett), auch mit eigener Dusche. Günstig in Bahnhofsnähe gelegen.

Camping

Es gibt mehrere Campingplätze unterschiedlicher Größe und Ausstattung im Umkreis:

⚠**198** **Camping Kasern** (www.camping-kasern-salzburg.com)

⚠**199** **Camping Nord-Sam** (www.camping-nord-sam.com)

⚠**215** **Camping Panorama Stadtblick** (www.panorama-camping.at)

⚠**216** **Camping Schloss Aigen** (www.campingaigen.com)

VERKEHRSMITTEL

Autofahren in der Stadt ist wegen der Parkplatznot und zahlreicher Fußgängerzonen wenig empfehlenswert. Am besten lässt man das Auto auf dem Hotelparkplatz stehen oder reist gleich mit der Bahn an. Salzburgs Stadtkern ist nicht sehr groß und leicht zu Fuß zu erkunden, alles liegt eng zusammen.

Von den **vier S-Bahn-Linien S1/11, 2 und 3** ist besonders die S3 zwischen

▲ Historische Fahrzeuge wie dieser O-Bus werden nur noch für Nostalgiefahrten eingesetzt

Salzburg/Freilassing über Europapark bzw. Stadion zum Hauptbahnhof [J3] bzw. weiter südwärts Richtung Hallein für Besucher interessant.

BUSSE

Der städtische Nahverkehr wird mit Bussen der Salzburg AG – StadtBus abgewickelt. Es gibt **O-Busse** (Linien 1–8), Elektrobusse mit Oberleitung, und **reguläre Busse** (Linie 20 und höher).

Außer Einzelfahrscheinen stehen 24-Stunden-, Familien-, Mehrfahrten-, Wochenend- und Feiertagstickets zum

Verkauf. Beim Fahrer kostet das **Einzelticket** 2 €, im Vorverkauf (als Fünferblock) 1,50 €, Mo.–Fr. 9–17 Uhr in der Kernzone 1,30 €. Die **Tageskarte** ist günstig für 4,20 € (Vorverkauf) bzw. 5 € (im Fahrzeug) zu bekommen. Mit der **Salzburg Card** (s. S. 100) genießt man nicht nur 24, 48 oder 72 Stunden lang freien Eintritt in (fast) alle Sehenswürdigkeiten und Museen, sondern kann auch die Stadtbusse gratis nutzen.

❯ **Infos:** Service-Tel. 44801500, www.stadtbus.at

Nachts verkehrt ein **BusTaxi:** So.–Do. 23.30–1.30 Uhr, an Wochenenden 23.30–3 Uhr, halbstündiges Intervall, Pauschalpreis 5,50 €, 12 feste Routen ab Hanuschplatz [J6] oder Theatergasse [J6]. Außerdem gibt es den „**Nachtstern**": halbstündig von 23.15 bis 0.45 Uhr verkehrende O-Buslinien ab Rathaus, Hanuschplatz oder Theatergasse.

TAXI

Es gibt mehrere Taxiunternehmen. Die **Grundgebühr** beträgt 3 € inkl. der ersten 100 m bzw. 30 Sek. Wartezeit. Für jede weitere angefangene Fahrtstrecke von 100 m fallen bis zu einer Strecke von 1500 m 0,20 € an, das entspricht einem Kilometerpreis von € 2,00. Danach wird für 145 m 0,20 € verrechnet, was einem Kilometerpreis von 1,40 € gleichkommt.

❯ **Salzburg-Funktaxi 81–11**, www.taxi.at, Vorbestellung: Tel. 874400
❯ **2284 Taxi**, Tel. 2284
❯ **Taxi 2220**, Tel. 2220

WETTER UND REISEZEIT

Die Stadt Salzburg liegt im Voralpenraum am Nordrand der Alpen und wird **stark durch das alpine Klima beeinflusst.** Die Winter sind im Allgemeinen kalt mit viel Schnee, die Sommer warm mit reichlich Regen. Der Salzburger „**Schnürlregen**" ist ein legendäres Phänomen, das bedingt durch Nordstaulagen häufig eintritt. Es handelt sich dabei um einen meist schnell vorübergehenden Regenschauer aus heiterem Himmel, der aufgrund des Windes in schrägen „Schnüren" vom Himmel fällt. Eine weitere klimatische Besonderheit ist der **Föhn**, ein in Alpennähe verbreiteter Südwind, mit dem warme Luft aus Italien über die Berge gelangt und der für Kopfweh und Grantigkeit

059sb Abb.: ts

▶ *Auch im Winter ist Salzburg ein empfehlenswertes Reiseziel*

(ärgerliche Gemütsverfassung) verantwortlich gemacht wird.

Erich Kästner hat Salzburg mit seinem Roman „Der kleine Grenzverkehr" ein liebenswertes Denkmal gesetzt und er schlug in seinem Gedicht „Nasser November" vor, die ältesten Schuhe anzuziehen und auch bei Regen durch die Straßen zu gehen. Kein Wunder, dass es in Salzburg so viele Geschäfte für **Lodenbekleidung** (ein Walkstoff aus Schafwolle) – Lodenmantel, „Wetterfleck", ein Lodenumhang oder Walkjanker sind die beliebtesten Kleidungsstücke – gibt und dass die Schirmmacher zu den ältesten Gewerbetreibenden der Stadt gehören.

Reisende sollten zwar selbst im Hochsommer Regenschirm oder -jacke dabei haben, um gegen den „Schnürlregen" gewappnet zu sein, doch ansonsten ist Salzburg ein **ganzjähriges Reiseziel.** Die Stadt hat ebenso ihre Reize im Regen wie bei Schnee, bei Sonne und bei Sturm und bietet darüber hinaus genug Möglichkeiten, sich bei Bedarf ins Innere von Museen, Kirchen, Geschäften, Kaffeehäusern oder Gaststätten zurückzuziehen.

▲ *Das frühlingshafte Salzburg vor beeindruckender Alpenkulisse*

ANHANG

006sb Abb.: mb

KLEINE KULINARISCHE SPRACHHILFE

GERICHTE

> **Beinfleisch:** gekochtes Rindfleisch
> **Beuscherl:** Ragout aus Lunge und evtl. Kalbsherz in saurer Rahmsoße mit Semmelknödel, auch „Saures Lüngerl" genannt
> **Bierfleisch:** mit Bier gekochtes Rindergulasch, dazu Spätzle oder Semmelknödel
> **Buchteln:** im Ofen gebackene Rohrnudeln (Hefeteig), häufig mit Powidl (Pflaumenmus) oder Marillenmarmelade gefüllt und mit Vanillesoße übergossen
> **Erdapfel:** Kartoffel, z. B. Erdäpfelgröstl (Bratkartoffeln mit Resten), Erdäpfelpüree (Kartoffelbrei) oder Erdäpfelsuppe (Kartoffelsuppe)
> **Faschiertes:** Hackfleisch
> **Fritattensuppe:** Flädlesuppe (Pfannkuchenstreifen)
> **Gebäck:** zum Gericht serviertes Brot oder Brötchen, nach Stück berechnet
> **Germködel:** Dampfnudeln, d. h. im Topf gedämpfte Knödel aus süßem Hefeteig, mit Butter und Mohn serviert
> **Grammelknödel:** Kartoffelknödel mit Griebenfüllung, meist zu Sauerkraut
> **G'selchtes:** geräuchertes Fleisch (Wammerl), auch Selchfleisch (geräuchertes Schweinefleisch)
> **Häuptlsalat:** Kopfsalat
> **Kaiserschmarrn:** zerrissener Pfannkuchen mit Rosinen
> **Karfiol:** Blumenkohl
> **Karree:** Rippchen
> **Kipferl:** Butterhörnchen, Croissant
> **Kletzenbrot:** Früchtebrot (v. a. mit Trockenbirnen)
> **Jause:** kalte Brotzeit, auch Brettljause genannt
> **Marillen:** Aprikosen
> **Marillenknödel:** mit Aprikose gefüllte Knödel aus Topfen-(Quark-)teig, gekocht und in gebräunten Butterbröseln gewälzt
> **Obers, Schlagobers:** Sahne

> **Palatschinken:** Pfann- oder Eierkuchen, meist süß (mit Topfenfüllung oder Marmelade) gegessen
> **Paradeiser:** Tomaten
> **Pofesen:** österreichische Version von „Arme Ritter" oder „French Toast", z. B. mit Powidl serviert
> **Powidl:** Zwetschgenmus
> **Reindlrostbraten:** in der Reine (Bräter, tiefes Backblech) geschmorter Rinderbraten
> **Salzburger Knoblauchsuppe:** Angedickte Rindssuppe mit Zwiebel, Crème fraîche und Knoblauch
> **Salzburger Nockerln:** süßes Soufflé aus Eischnee und Vanillezucker
> **Schichtkäse:** Frischkäse, fester Quark
> **Schwammerl:** Pilze
> **Stelze:** Schweinshaxe, Eisbein
> **Topfen:** Quark
> **Topfenstrudel:** Blätterteig oder Strudelteig, hauchdünn ausgerollt und mit Quark-Eier-Mischung gefüllt
> **Vogerlsalat:** Feldsalat
> **Weckerl:** längliche Brötchen, Baguettesemmel

GETRÄNKE

> **Brauner, Gold, Kapuziner:** Mokka mit unterschiedlichem Milchanteil und in unterschiedlicher Größe (Kleiner oder Großer Brauner)
> **Einspänner:** Kaffee im Glas mit Rum und Schlagsahne
> **Fiaker:** schwarzer Kaffee im Wasserglas mit Kirschwasser oder Rum
> **G'spritzter:** Weinschorle
> **Kurzer:** Espresso, mit wenig Wasser zubereitet
> **Melange:** Milchkaffee mit Schlagsahne (oder schaumig geschlagener Milch)
> **Schwarzer:** Mokka, ohne Milch
> **Verlängerter:** Espresso, der mit doppelter Menge Wasser hergestellt wird

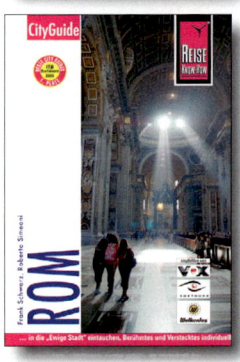
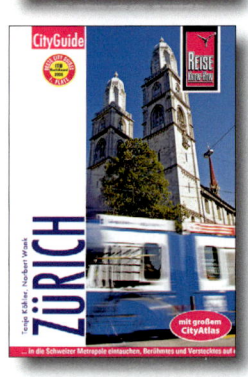

REGISTER

CITYATLAS

007sb Abb.: mb

1 cm = 500 m

0 | 500 m | 1 km

304

20

Ainring

155

Münchener Bundesstr.

Hagenau

Schlosspark

Blattschnitt, vordere Umschlagklappe

Oberndorfer Str.

Saalach

Salzburger Str.

Mühlbach

155

Mühlbach

Glanbach

Elisabeth-Vorstadt

Ignaz-Harrer-str.

Siezenheim

Taxham

S a l z b

West-Autobahn

Wals-Siezenheim

Glanhofen

Innsbrucker Bundesstr.

Maxglaner Hauptstr.

Mönchs-berg
508
Rieden-burg

Saalachau

▲ 436

Maxglan

Walserfeld

Himmelreich

Flughafen Salzburg W.A.Mozart Airport

Leopoldskron

Wals

Loig

Glanbach

1

Viehhausen

Kendlersiedlung

Gneis

Eichet-siedlung

Untermoos

Gois

Maosbach

München

1

Mooswiesen

Tauern-Autobahn

Mittermoos

Rositten-bach

Walser Wiesen

Fürstenbrunn

Steinerbach

Kleingmainberg

Moosstr.

Berchtesgadner Str.

Wurmsattel

Großgmainberg
▲ 502

10

Obermoos

Eichet

Glanbach

104

Krüzersberg

Glanegg

237

Fürstenbrunn

Holzeck

Kühlbach

Reichenhaller Str.

Grödig

Gaglham

Mayrwies

Wien
1
Sam

Fischach

Schleifer Bach

Stillberg Bach

Itzling

1

118

Langwied

Linzer Bundesstr.

Gruber

Salzburger-Bundesstraße

150

Heuberg

Ziegeleistr.

Alter Bach

158

Wolfgangseestr.

Haupt-
bahnhof

Gnigl

Schallmoos

Saint-Julien-str.

Sterneckstr.

Grazer Bundesstr.

Kühberg
Schloss Neuhaus ▲
711

Gaisberg ▲
1287

u r g

Kapuzinerberg
▲
636

Geisbergstr.

Gersberg

Kapaunberg
▲
811

★ **Altstadt**

Bürgleinstr.

Unter-
judenberg

Oberjudenberg

Gaisberg

★
Hohensalzburg

Hellbrunner Str.

Salzach

Aigner Str.

Parsch

Gaisberg

105

Nonntaler
Hauptstraße

Abfalter

Fürstenallee

Hofhaymer Allee

Aigen

Klein-
gmain

Josefiau

Alpenstr.

Glas

Morzger Str.

Hellbrunner Landesstr.

Morzg

Eichetwald

Schloss Hellbrunn
28

Hellbrunn

Halleiner Landesstr.

Hellbrunner Berg
Zoo
Salzburg
29
▲
515

Elsbethen

Anif

Zieglau

105

150

Gols

159

Villach/
Klagenfurt

Salzach

Unterbach

Neu-Anif

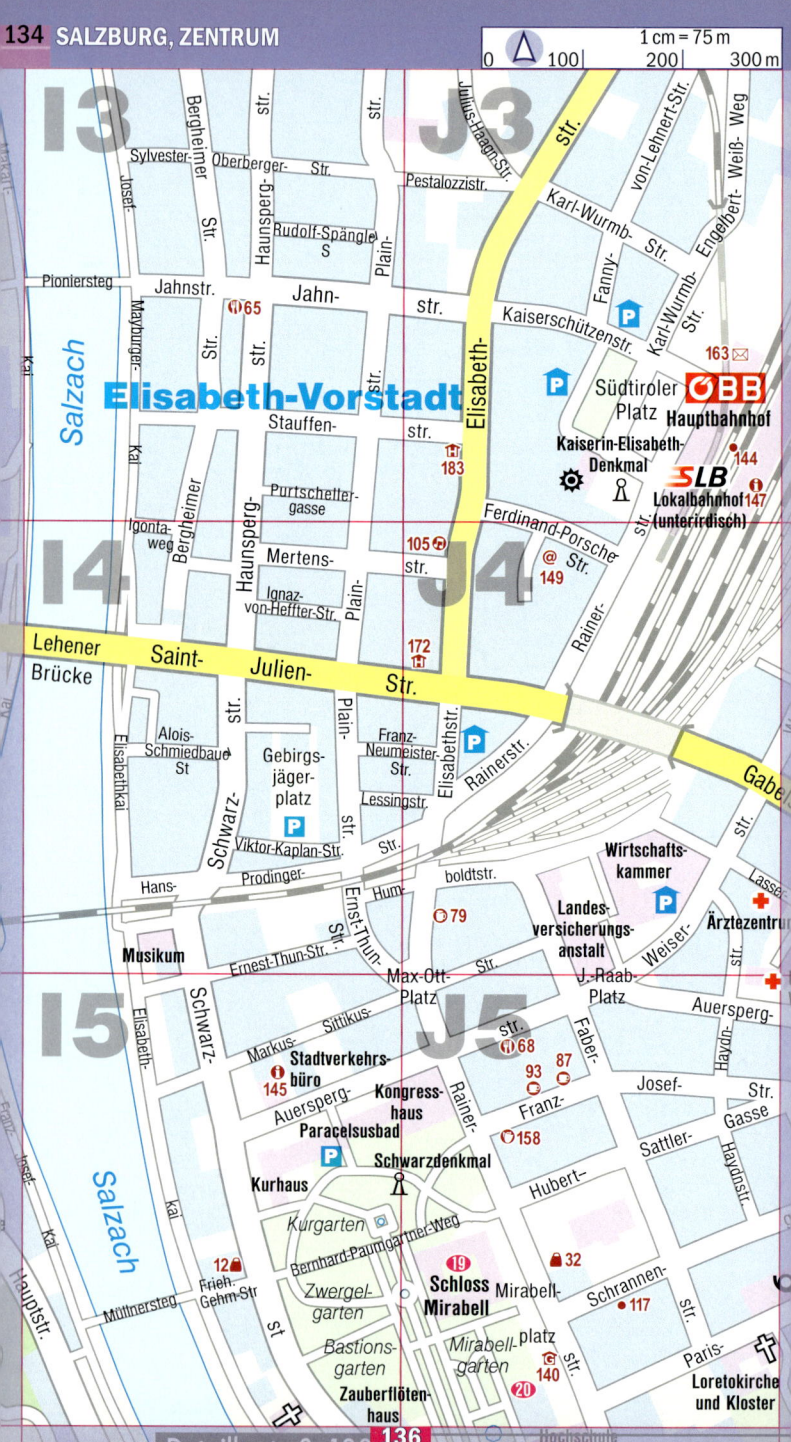

1 cm = 75 m
0 100 200 300 m

I3 · **J3** · **I4** · **J4** · **I5** · **J5**

Salzach

Pioniersteg

Josef-

Mayburger-

Kai

Kai

Sylvester-str.

Bergheimer Str.

Oberberger-Str.

Hausperg-str.

Rudolf-Spängler-S

Plain-str.

Jahnstr. ⏰65 Jahn- str.

Pestalozzistr.

Julius-Raab-Str.

Kaiser-str.

Karl-Wurmb-Str.

Fanny-von-Lehnert-Str.

Engelbert-Weiß-Weg

Kaiserschützenstr.

163 ✉

Elisabeth-Vorstadt

Igontaweg

Bergheimer

Haunsperg-str.

Stauffen-str.

Purtscheller-gasse

Mertens-str.

Ignaz-von-Heffter-Str.

Plain-str.

Elisabeth-str.

Südtiroler Platz

Kaiserin-Elisabeth-Denkmal
⚙ ⛲

ÖBB

Hauptbahnhof

● 144

SLB Lokalbahnhof 147 (unterirdisch) ℹ

H 183

105 ⚕

Ferdinand-Porsche-Str.

@ 149

Rainer-str.

🅿

🅿

172 H

Lehener Brücke

Saint- Julien- Str.

Gabel...

Elisabethkai

Alois-Schmiedbauer St

Schwarz-str.

Gebirgs-jäger-platz

🅿 Viktor-Kaplan-Str.

Plain-str.

str.

Franz-Neumeister-Str.

Lessingstr.

Elisabethstr.

Rainerstr.

🅿

Prodinger-str.

Ernst-Thun-Str.

Humboldtstr.

...boldtstr.

Wirtschafts-kammer

Lasse...

Hans-str.

Musikum

Ernest-Thun-Str.

⏰ 79

Landes-versicherungs-anstalt

🅿

Weiser-str.

Ärztezentrum ✚

✚

Schwarz-str.

Sittikus-str.

Markus-str.

Max-Ott-Platz

str.

J.-Raab-Platz

Auersperg-str.

Haydn-str.

Stadtverkehrs-büro
ℹ 145

Auersperg-str.

Kongress-haus

Paracelsusbad

🅿 **Kurhaus**

Rainer-str.

⏰ 68

93 ⚕ 87 ⚕

Franz-...str.

⚕ 158

Josef-Gasse

Sattler-Gasse

Haydnstr.

Salzach

Hubert-str.

Schwarzdenkmal ⚓

Kurgarten

Bernhard-Paumgartner-Weg

Frieh-Gehm-Str.

12 🔒

Zwergel-garten

Bastions-garten

Zauberflöten-haus

19 **Schloss Mirabell**

Mirabell-

🔒 32

● 117

Schrannen-str.

Paris-str.

Mirabell-garten

platz

20

140

Loretokirche und Kloster ✝

Müllnersteg

Hauptstr.

Kai

Detailkarte S. 138

Hochschule

Bahnhof

Hangar 7

Festung
Hohensalzburg

K3

L3

Gnigler

Lagerhausstr.

St

Lastenstr.

Bayerhamer-

Stabauergasse

Weiserhofstr.

str.

str.

Breitenfelderstr.

Breitenfelder-

str.

Pelikanstr.

Röcklbrunnstr.

K4

L4

Laster-

Weiserhof-

Merian-

str.

Bayerhamer-

Hettwer-

str.

Parcelsus-

Weiser-

str.

Harpff-

Str.

Merian-

str.

Funkestr.

Philipp

str.

Schallmoos

Dr.-Hans-
Lechner-
Park

66 🅗

Weitmoserstr.

Weitmoserstr.

str.

Pauernfeindstr.

Wilhelmseder-
str

elsberger-

165 🅗

str.

str.

Sterneck-

Pauernfeindstr.

str.

197 🅗

str.

**Privatklinik
Wehrle**

Lasser-

str.

✡

Bayerhamer-

L5

Grillparzer-

Vogelweider-

gasse

Parcelsus-

Stelzhammer-

Auers-

str.

185 🅗

Rupertgasse

Rupert-

gasse

Koller- Gasse

str.

**National-
bank**

Franz-

Str.

perg-

73 🅗

Virgilgasse

Arnogasse

Emil-

str.

Wolf-

gasse

Dietrich-

Josef-

str.

str.

Haupstr.

Lodron-

🅗

str.

166 🅗

Haus der Geschichte

Friedhof
✝✝ ⚓ **St. Gabriel**
St. Sebastian

Vierthaler-

Str.

Schallmoser-

Glocken-

gasse

184 🅗

🅿

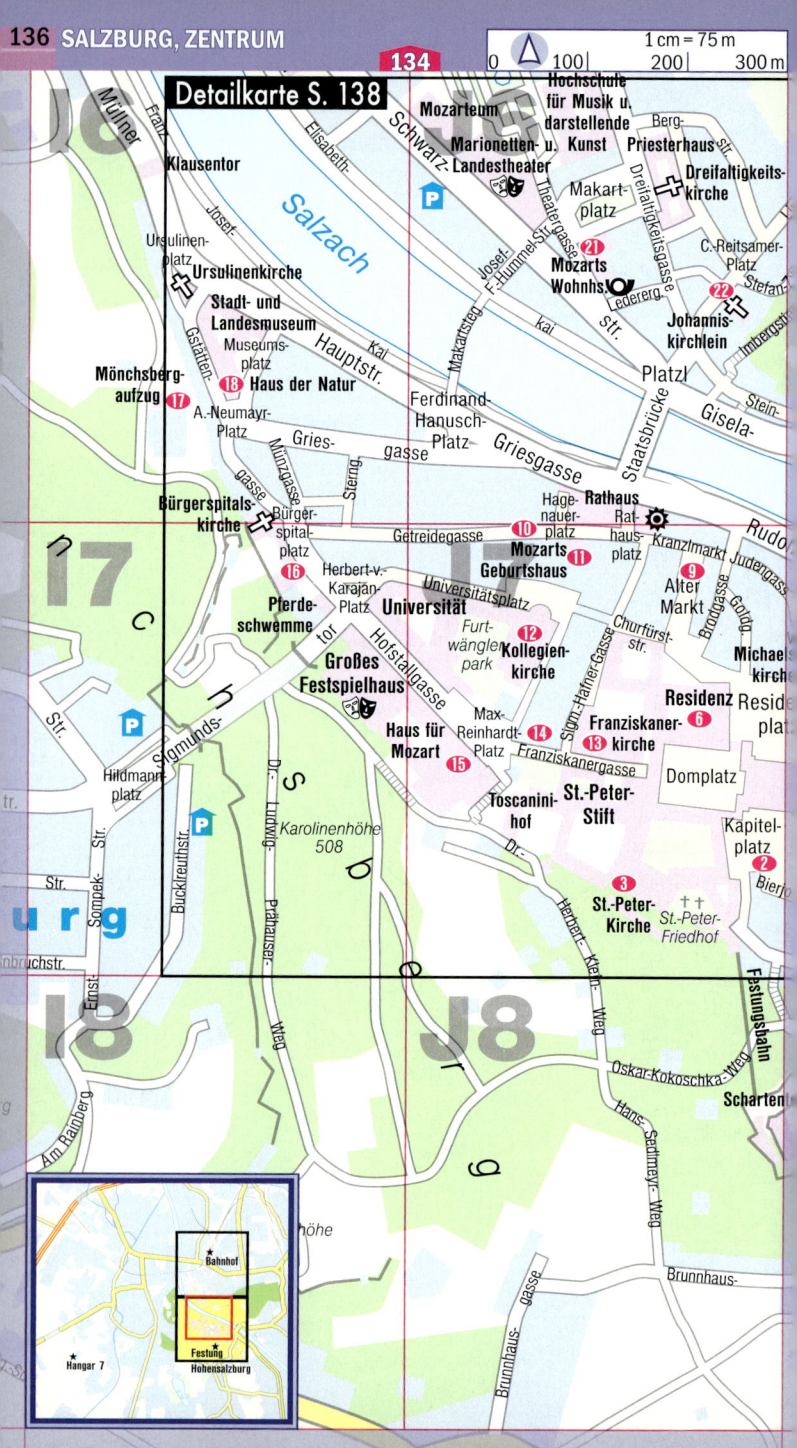

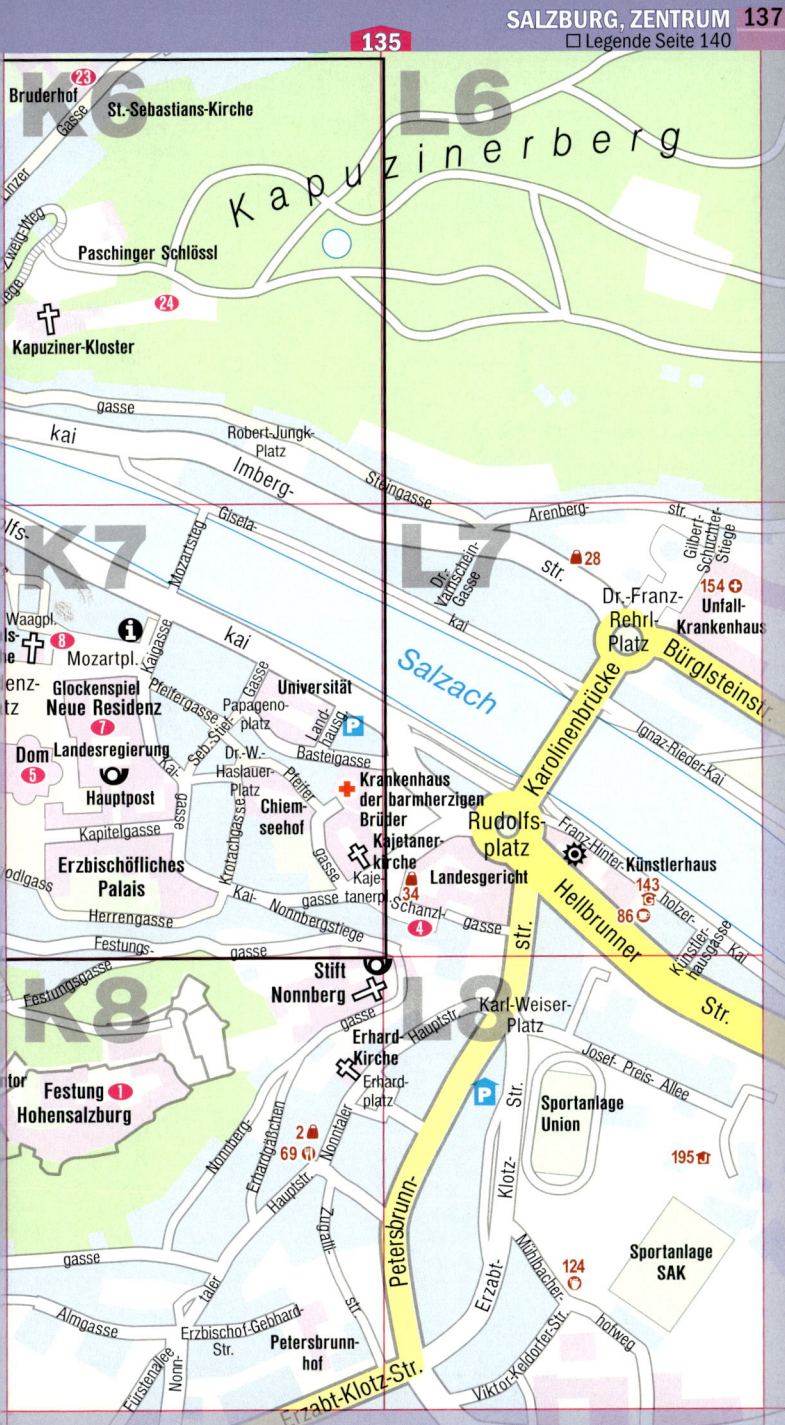

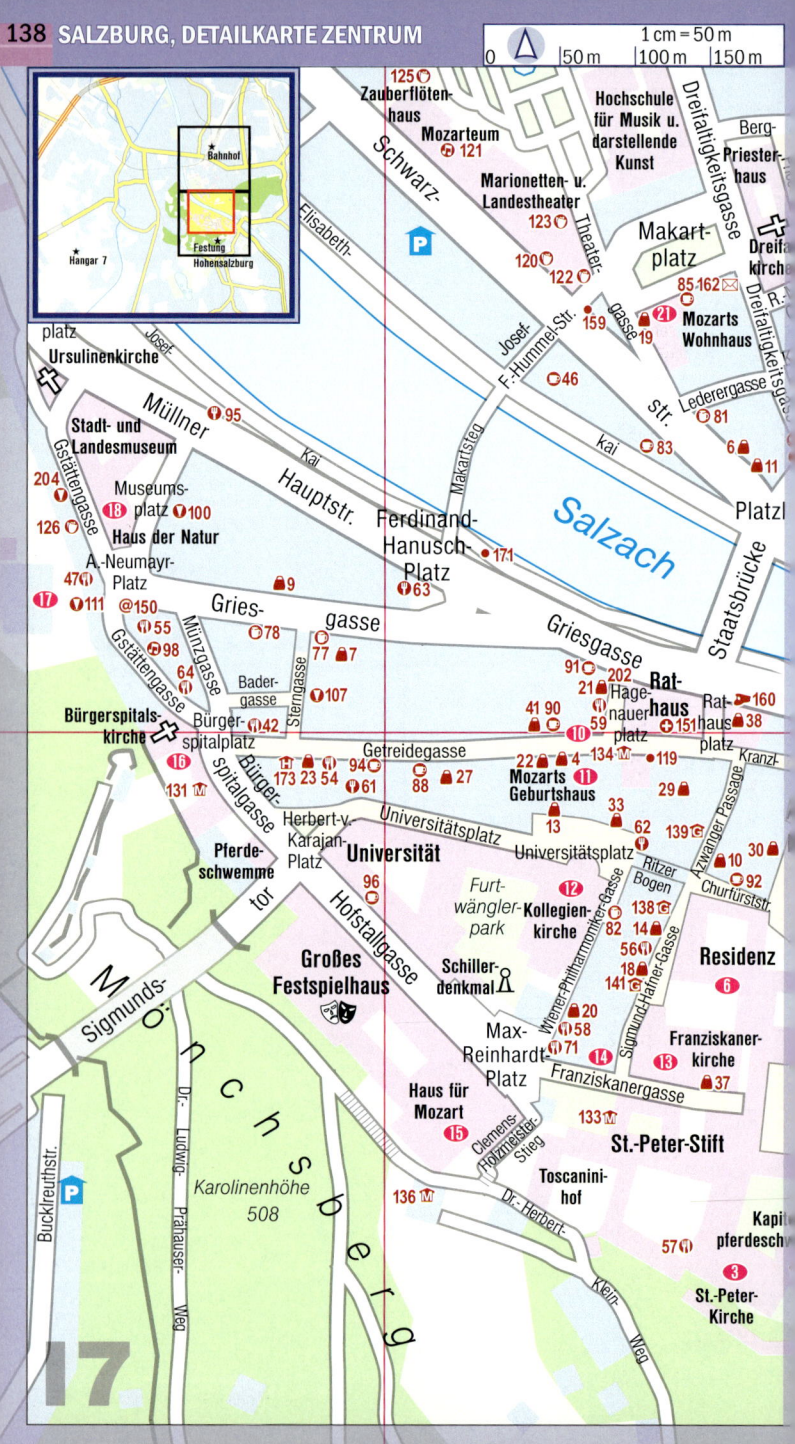

LEGENDE DER KARTENEINTRÄGE

Legende der Karteneinträge

🔰**197** [K4] YOHO-Salzburg
THE HOSTEL S. 117
🛍**200** [K7] Lotus Records S. 17
🛍**201** [K7] Christmas/Easter
in Salzburg S. 20
🛍**202** [J6] Heart of Mozart S. 20
◐**203** [K7] 220° Roesthaus
und Café S. 26
🌣**204** [I6] Segabar S. 29
🌣**205** [K7] Treffpunkt S. 29
🌣**206** [K6] Andreas Hofer Weinstube S. 29
🌣**207** [K6] Cave Le Robinet S. 29
🌣**208** [K6] Fridrich Weinbar S. 29

🏨**210** [K7] Altstadthotel
Kasererbraeu S. 115
🏨**211** [K7] Hotel Wolf S. 116

Hier nicht aufgeführte Nummern
liegen außerhalb der abgebildeten
Karten. Ihre Lage kann aber wie bei
allen im Buch vorkommenden Orts-
marken mithilfe des Kartenservice
Google Maps™ lokalisiert werden
(s. Umschlagklappe).

ZEICHENERKLÄRUNG

⓫	Hauptsehenswürdigkeit, fortlaufend nummeriert		🔰	Jugendherberge, Hostel
[L6]	Verweis auf Planquadrat im Cityatlas		🎦	Kino
			♱	Kirche
✚	Arzt, Apotheke, Krankenhaus		◐	Kneipe, Biergarten, Pub
🌣	Bar, Bistro, Klub, Treffpunkt		🏛	Museum
◐	Café		◑	Musikszene, Nachtleben
ᛉ	Denkmal		🅿	Parkplatz
田	Friedhof		🏠	Pension, Bed and Breakfast
⒢	Galerie		🤚⚙	Polizei
🛍	Geschäft, Kaufhaus, Markt		☎	Postamt
🏨	Hotel, Unterkunft		🍴	Restaurant
🌣	Imbiss		✡	Synagoge
🌣	Informationsstelle		◐🎭	Theater, Bühne
@	Internetcafé			

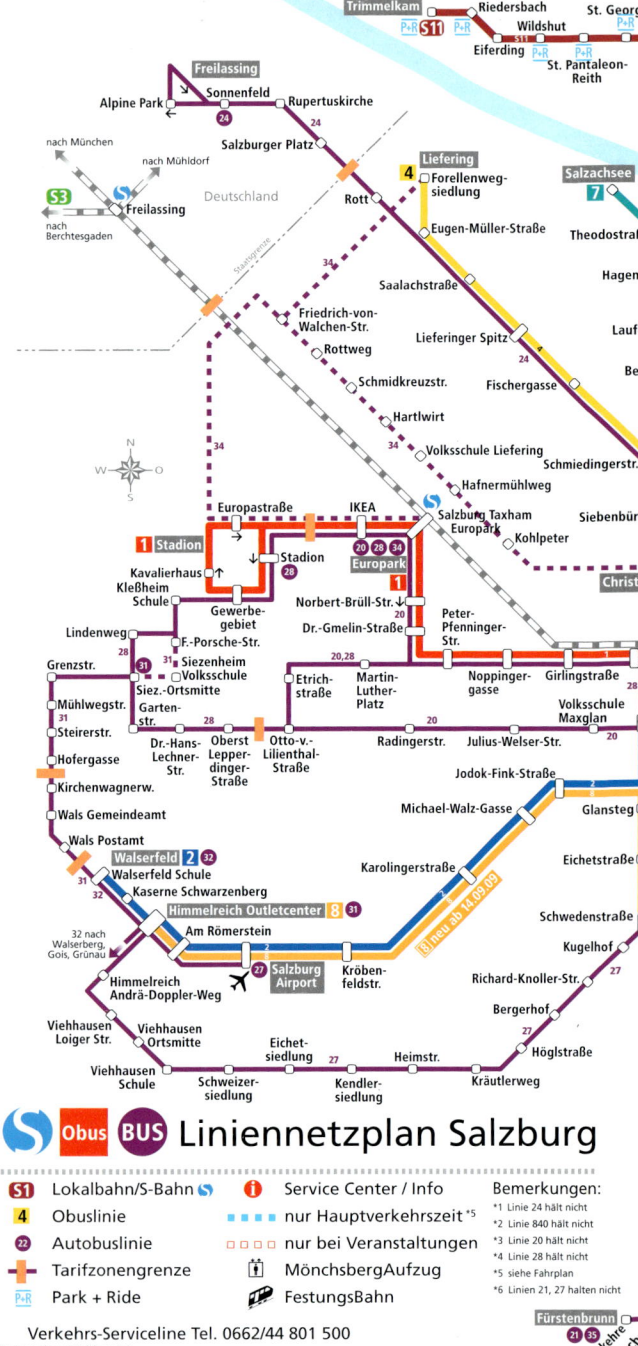

Liniennetzplan Salzburg

Trimmelkam · Riedersbach · St. Georgen
Wildshut · Eiferding · St. Pantaleon-Reith · Irl

Freilassing · Alpine Park · Sonnenfeld · Rupertuskirche
Salzburger Platz

nach München · nach Mühldorf · Freilassing · Deutschland
nach Berchtesgaden

Liefering · Forellenweg-siedlung · Rott
Eugen-Müller-Straße · Theodostraße · Salzachsee

Saalachstraße · Hagenauer
Friedrich-von-Walchen-Str. · Rottweg · Lieferinger Spitz · Laufens
Schmidkreuzstr. · Fischergasse · Bessa
Hartlwirt
Volksschule Liefering · Schmiedingerstr.
Hafnermühlweg · Siebenbürger

Europastraße · IKEA · Salzburg Taxham Europark · Kohlpeter
Stadion · Stadion · Europark · Christian
Kavalierhaus Kleßheim Schule
Gewerbe-gebiet · Norbert-Brüll-Str. · Peter-Pfenninger-Str.
Lindenweg · F.-Porsche-Str. · Dr.-Gmelin-Straße
Grenzstr. · Siezenheim Volksschule · Etrich-straße · Martin-Luther-Platz · Noppinger-gasse · Girlingstraße
Siez.-Ortsmitte · Volksschule Maxglan
Mühlwegstr. · Garten-str.
Steirerstr. · Dr.-Hans-Lechner-Str. · Oberst Lepper-dinger-Straße · Otto-v.-Lilienthal-Straße · Radingerstr. · Julius-Welser-Str.
Hofergasse · Jodok-Fink-Straße
Kirchenwagnerw. · Michael-Walz-Gasse · Glansteg
Wals Gemeindeamt · Karolingerstraße · Eichetstraße
Wals Postamt
Walserfeld · Walserfeld Schule · Kaserne Schwarzenberg · Schwedenstraße
Himmelreich Outletcenter · Kugelhof
32 nach Walserberg, Gois, Grünau · Am Römerstein · Richard-Knoller-Str.
Himmelreich Andrä-Doppler-Weg · Salzburg Airport · Kröben-feldstr. · Bergerhof
Viehhausen Loiger Str. · Viehhausen Ortsmitte · Eichet-siedlung · Heimstr. · Höglstraße
Viehhausen Schule · Schweizer-siedlung · Kendler-siedlung · Kräutlerweg

Fürstenbrunn

Obus BUS

S1	Lokalbahn/S-Bahn
4	Obuslinie
22	Autobuslinie
	Tarifzonengrenze
P+R	Park + Ride
1	Service Center / Info
■ ■ ■ ■	nur Hauptverkehrszeit *5
□ □ □ □	nur bei Veranstaltungen
	MönchsbergAufzug
	FestungsBahn

Bemerkungen:
*1 Linie 24 hält nicht
*2 Linie 840 hält nicht
*3 Linie 20 hält nicht
*4 Linie 28 hält nicht
*5 siehe Fahrplan
*6 Linien 21, 27 halten nicht

Verkehrs-Serviceline Tel. 0662/44 801 500

Herausgeber: © Salzburg AG
Gestaltung und Grafik: © 2009, digitale Kartografie F.Ruppenthal GmbH, Karlsruhe
Stand: 14. Juni 2009 • Änderungen & Druckfehler vorbehalten